AF596934

SUPPLIQUE

A SA MAJESTÉ

LOUIS-PHILIPPE Ier

ROI DES FRANÇAIS.

SUPPLIQUE

A SA MAJESTÉ

LOUIS PHILIPPE Ier

ROI DES FRANÇAIS,

PAR

J. F. ALEXANDRE MULLER,

Auteur de la *Théorie de l'escrime à cheval, Traité du maniement de la baïonnette, de la lance, etc., etc.*

« Les rois sont sur la terre pour rendre justice au faible contre le fort qui tend à compromettre son existence. »

(MICHAUD, *Grandeur et décadence du royaume de Mysore.*)

PARIS

IMPRIMERIE DE FÉLIX LOCQUIN,

Rue Notre-Dame des Victoires, 16.

1843

SUPPLIQUE

A

S. M. LOUIS-PHILIPPE Ier.

SIRE,

C'est à vous-même, c'est à vous protecteur tout puissant préposé par la souveraineté nationale à la défense de l'opprimé ; c'est à votre majesté, source légale où la justice doit puiser sa force ; c'est à vous enfin chef suprême de l'armée qu'un vieux soldat dont la vie n'a pas été sans gloire, vient demander une *réparation* pour son *honneur* indignement outragé, la *conservation* de sa *propriété* audacieusement violée, et le maintien dans le rang que lui ont acquis ses longs services et que les lois ont consacré, d'une existence que la plus noire iniquité lui dispute.

Et la résolution que prendra votre majesté sur la présente supplique, sera, suivant la noble définition du ministre secrétaire-d'Etat de la guerre, le maréchal duc de Dalmatie (1), une nouvelle preuve de l'*esprit* de vérité et de justice distributive qui dirige le gouvernement du roi *dans l'application des lois où l'intérêt des droits* individuels se *trouve lié à celui de la fortune publique*.

Qu'ont fait de moi la rivalité, l'envie, la calomnie et le laisser-aller de certains pouvoirs aux suggestions de l'intrigue ?

Quelle est la vérité ? que devait faire le pouvoir auquel la défense de la justice avait été confiée ?

Telles sont les deux grandes divisions du travail que j'ai l'honneur de soumettre, dans mon intérêt personnel, à l'appréciation de votre majesté.

Pour aller droit au but, je découvre de suite les armes dont l'ennemi se sert contre moi, en donnant exactement le tableau de la position militaire qu'il a créée pour me nuire.

MINISTÈRE DE LA GUERRE. — Bureau des Pensions. — N° du dossier, 5835. — Enregistré N°

Par ordre du ministre secrétaire-d'État de la guerre.

Le conseiller-d'Etat, secrétaire-général,

Certifie à tous qu'il appartiendra que les services de M. Muller (Jean-François-Alexandre), né le 13 juin 1782, à Elberfeld (Bavière), ont été supputés, ainsi qu'il suit, d'après les documents authentiques existant à son dossier, dans la liquidation ou traitement de réforme qui lui a été accordé en vertu de l'ordonnance du 5 février 1823, savoir :

(1) Règle à suivre dans l'application de la loi du 11 avril 1831, et de l'ordonnance du 2 juillet suivant, titre VI.

	ANS.	MOIS.	JOURS.	Observations.
Sous-lieutenant aux chasseurs royaux à cheval de Bavière, le 6 juin 1809. Congédié comme lieutenant, 8 avril 1811.	1	10	2	
Volontaire au régiment de lanciers de Berg, le 25 mai 1812. Prisonnier de guerre en Russie, le 4 décembre 1812. Rentré en France le 19 juin 1814. A reçu la demi-solde de chef d'escadron jusqu'au 1er novembre 1814. (Epoque à laquelle il a cessé d'en être payé, attendu qu'il n'a pas produit de titre établissant son grade.)	2	5	6	
Nommé capitaine au 16e régiment de chasseurs à cheval, le 18 juin 1815. Mis en demi-solde, le 10 septembre 1815. Confirmé capitaine de cavalerie, le 8 janvier 1817. Employé à l'Ecole de cavalerie, le 31 octobre 1817. Remis en demi-solde le 11 août 1818. Employé au camp de Lunéville, le 16 août 1824. A cessé de recevoir la solde d'activité le 1er novembre 1824.	9	4	13	
Temps de réforme, du 12 janvier 1825 au 1er août 1830		Néant.		Le temps de réforme avec traitement n'est compté comme service pour la pension que sous la condition de vingt ans de service effectif.
Admis à la solde d'activité le Mis à la disposition du général en chef de l'armée d'Afrique, le 16 octobre 1830. Placé au 1er régiment des chasseurs d'Afrique, le Mis au traitement de réforme le 12 juin 1833	2	10	12	
Total des services effectifs.	16	2	3	

Conformément à l'ordonnance du 5 février 1823, il a obtenu un traitement annuel de réforme de *six cents francs*, pour huit années qui ont commencé le 12 juin 1833 et ont fini le 11 juin 1841.

En foi de quoi il a délivré le présent certificat pour servir et valoir ce que de raison.

Fait à Paris, le 16 janvier 1843.

Signé, Martineau.

Expédié : *Signé* Ch. Delabretonnière. — Vérifié : *Signé* Bougeat, — Le chef du bureau, *Signé* F. Tinnel. — Délivré gratis.

Ainsi donc, le 16 janvier 1843, le travail bureaucratique se résume, quant à moi, à l'intitulé du certificat et aux *dix-neuf énonciations* qu'il contient.

J'examinerai ces points séparément et rapidement en me contentant d'opposer la vérité et la loi.

Cette méthode simple et claire fixera, je l'espère, l'attention de votre majesté.

INTITULÉ OU CERTIFICAT.

Notice biographique préliminaire.

Préliminaire :

Je suis né effectivement comme le certificat l'annonce à Elberfeld, le 13 juin 1782, et j'ai été enregistré sous les noms de Jean-François-Alexandre.

Le grand duché de Berg dont Eberfeld est une des villes, ayant été réuni à la France, je suis devenu français, et mes services dans l'armée, et mon mariage avec une française m'ont maintenu dans cette qualité d'après la législation qui n'a pas varié à cet égard, ce qui a été complété par des lettres de naturalité délivrées en 1817.

J'ai fait mes premières armes dans la cavalerie du roi de Bavière : Appelé par les décrets de l'empire sous les drapeaux français, le grand roi Maximilien avait ordonné à ses ministres de me donner des lettres de recommandation.

J'étais déjà connu de l'empereur Napoléon, par suite de mes relations avec plusieurs membres de sa famille ; et la carrière la plus honorable et la plus avantageuse semblait s'ouvrir devant moi.

Je me rendis à Hambourg, dans la voiture et en société de M. Marin de Vertbois, aujourd'hui trésorier de la couronne de France, pour offrir mes services au prince d'Eckmuhl.

Cet illustre maréchal m'ordonna de me rendre à Dusseldorff, pour faire partie de la nouvelle formation des lanciers de Berg.

Je devais y entrer de suite en qualité de capitaine-adjudant-major ; mais M. le comte de Beugnot, alors ministre des finances, dans l'intérêt de mon avancement, me conseilla de demander un simple brevet de volontaire et de partir sur le champ pour le grand quartier-général, en me promettant d'écrire en ma faveur à l'empereur Napoléon et d'assurer ma nomination.

Je prévis cette généreuse impulsion et me mis en devoir de faire, d'une manière qui lui convînt, connaissance avec le grand capitaine du siècle, et en effet le 27 novembre 1812, à Bobre, couvert de blessures et porté par des officiers de la gendarmerie d'élite, je me suis présenté à sa majesté impériale. N° I et II.

Touché de ma jeunesse et de mon début dans l'art de la guerre, sa majesté daigna me nommer gros-major de cavalerie et me décorer de l'insigne d'officier de la Légion-d'Honneur.

J'avais déjà reçu à la bataille de *Locom*, la simple décoration le 7 du même mois, par le maréchal Victor.

Ces faits ne peuvent être ignorés ni du ministère ni des historiographes de la guerre. Voyons maintenant ce qu'ils disent ou ce qu'ils taisent.

Nous les suivrons pas à pas.

Mais avant d'entrer en discussion, comparons l'état dressé au même ministère le 9 septembre 1833, à celui produit le 16 janvier 1843.

—

MINISTÈRE DE LA GUERRE. — Direction du personnel et des opérations militaires. — Bureau de la cavalerie. — Enregistré N°

Par ordre du ministre secrétaire-d'Etat de la guerre.

Le général sous-directeur chargé du personnel certifie à tous qu'il appartiendra, qu'il résulte des registres et documents déposés au ministère de la guerre, que les services et campagnes de M. Müller (Jean-François-Alexandre), capitaine de cavalerie en réforme, né à Eberfeld, grand duché de Berg, le 13 juin 1782.

Naturalisé français, le 30 janvier 1817.

Doivent être établis comme il suit :

Sous-lieutenant dans les chasseurs royaux à cheval de Bavière le . . .	6 juin 1809
Congédié comme lieutenant le. . . .	8 août 1811
Volontaire au 2e régiment de lanciers de Berg le	25 mai 1812
Prisonnier de guerre en Russie le . .	4 décembre 1812
Rentré en France et mis à la demi-solde de chef d'escadron le	19 juin 1814
A cessé de recevoir la demi-solde n'ayant pu justifier de son *grade* le.	1er novembre 1814
Nommé capitaine au 16e régiment de chasseurs à cheval le	18 juin 1815
Licencié le	10 septembre 1815
Reconnu capitaine de cavalerie et mis en demi-solde le	8 janvier 1817
Employé à l'école de cavalerie le.	31 octobre 1817
Remis en demi-solde le	11 août 1818
Employé au camp de Lunéville le	16 août 1824

A cessé de recevoir la solde d'activité le	1er novembre 1824
Admis au traitement de réforme le	12 janvier 1825
Mis à la disposition du lieutenant-général commandant en chef de l'armée d'Afrique le	16 octobre 1830
Passé aux chasseurs algériens (devenu 1er régiment de chasseurs d'Afrique,) le	12 décembre 1831
Admis au traitement de réforme le	5 mai 1833.

Campagnes.

1809, en Autriche; 1812, en Russie; 1831, 1832 et 1833, en Afrique.

En foi de quoi il a délivré le présent certificat pour servir et valoir ce que de raison.

Fait à Paris, le 9 septembre 1833.

Signé Miot.

Expédié : *Signé* Bidard. — Vérifié : le commis principal faisant fonctions de sous chef, *Signé* Lelomina.
Pour le chef de bureau, *Signé* Doue, sous chef.

Simples remarques.

Pourquoi l'état de 1843 ne mentionne-t-il pas comme celui-ci mes campagnes? Pourquoi oublie-t-il d'énoncer que j'ai été naturalisé Français le 30 janvier 1817? Pourquoi me faire *congédier* lieutenant des chasseurs royaux à cheval de Bavière, dans l'un le 8 avril, et dans l'autre le 8 août 1811? Pourquoi ne pas relater que j'ai fait les campagnes de 1809, en Autriche et dans le Tyrol; 1812 en Russie; 1831, 1832 et 1833 en Afrique? Pourquoi ni l'un ni l'autre ne parlent-ils pas de mes neuf blessures? Comment en un mot deux certificats émanés de la même autorité sont-ils si dissemblables? Est-ce qu'il y aurait des registres contradictoires au ministère de la guerre et qui varieraient à mesure que ceux dont ils font l'histoire, *haussent* en faveur, ou *baissent* en crédit?

C'est à la haute perspicacité de Votre Majesté, Sire, qu'il appartient de pénétrer ces mystères et de faire porter la lumière où l'on a placé l'obscurité.

J'entre dans les détails.

BUREAUX DE LA GUERRE.

ÉNONCIATIONS MINISTÉRIELLES ET RÉVISIONS.

1. *Sous lieutenant aux chasseurs royaux à cheval, de Bavière*, ... 6 *juin* 1809.

Une seule remarque à faire sur ce point, c'est qu'il s'agit ici d'un corps d'élite volontaire, créé pour la campagne de 1809, en Autriche et dans le Tyrol. Sortant d'un corps d'élite, le grade de lieutenant me donnait des droits d'entrer dans la ligne avec avancement.

2. *Congédié comme lieutenant* . . . . 8 avril 1811.

Il n'y a point eu de congédiement, *mais un licenciement général* des corps volontaires après la campagne du Tyrol. (*Pièce* n° XXV.)

Au surplus, de même que tous les officiers se trouvent dans une position analogue, j'ai été appelé sous les drapeaux français, en vertu du décret impérial du 6 avril 1809, j'ai conservé ma qualité de français par application de la déclaration du grand juge ministre de lajustice, et j'ai reçu par surabondance, le 30 janvier 1817, mes lettres de naturalité.

3. *Volontaire au 2e régiment des lanciers de Berg*, 25 *mai* 1812.

Puisque l'on rappelle ici que j'ai été *volontaire* au 2e régiment des lanciers de Berg, dont les contrôles doivent se retrouver aux archives de la guerre, et que l'on y conduit mon existence militaire jusqu'au 4 décembre, pourquoi oublie-t-on de mentionner que lorsque je fus présenté à l'empereur j'avais déjà l'étoile de la légion d'honneur, que j'avais la jambe gauche cassée par un éclat d'obus, et le corps traversé de deux coups de lance dont l'un avait pénétré jusqu'au foie ?

Le roi Murat dit alors à Napoléon : *cet officier est abimé, il ne peut plus* suivre la colonne. *Assurez-lui une position dans le cas où il tomberait au pouvoir des Cosaques.*

Pourquoi ne pas énoncer que ce fut alors que Napoléon me nomma GROS-MAJOR et OFFICIER de la Légion d'honneur?

4. *Prisonnier de guerre en Russie . . . 4 décembre* 1812.

Je fus fait prisonnier de guerre à Wilna, le 12 décembre 1812, transporté en raison de cinq blessures à l'hôpital de Polotzki, et par une extrême faveur de l'empereur Alexandre évacué sur Saint-Pétersbourg où la plus douce hospitalité m'accueillit à l'hôpital d'Aboukoff. J'y ai retrouvé M. de Nesselrode, mon colonel, compris dans la capitulation de la division Partounaux.

Cette division se composait de vingt-sept mille hommes.

5. *Rentré en France*, 19 *juin* 1814.

La confédération du Rhin s'étant jointe à la Russie, l'empereur Alexandre se hâta de faire cesser la captivité de tous les officiers et soldats nés dans les diverses parties de l'Allemagne qui avaient adopté ses bannières.

C'est ainsi que je me trouvai libre. Je profitai de cette

belle occasion de me rendre à Paris, je présentai mes titres au lieutenant-général comte Dupont, ministre de la guerre, et S. Exc. ordonna de me payer deux mois de demi-solde comme prisonnier de guerre rentré, mes appointements arriérés depuis ma captivité, en ma qualité de gros major, avec jouissance de la demi-solde de chef d'escadron, en attendant que je fusse mis en activité comme major.

J'ai accepté la demi-solde de chef d'escadron sur cette observation que me fit le ministre : « *Nous avons 80,000 officiers à placer, contentez-vous pour le moment de cette position.* »

6. *A reçu la demi-solde du grade de chef d'escadron jusqu'au 1er novembre 1814, époque à laquelle il a cessé d'être payé, attendu qu'il n'a pas produit de titres établissant son grade.*

Ce mensonge officiel est démasqué d'une manière péremptoire :

1° Par la gratification d'entrée en campagne fixée et arrêtée sur les pièces probantes, le 1er août 1814, par le comte d'Haugeranville. Pièce n° III.

2° Par la lettre du 6 août suivant, adressée par M. le lieutenant général conseiller d'état directeur général comte Dumas à M. le baron Marchand, maître des requêtes, intendant général près les troupes alliées. On y lit : *J'ai reçu... copie d'un état en triple expédition concernant la perte de quatre chevaux, que* M. Muller, major *des lanciers de Berg, a éprouvée pendant la campagne de* 1812. N° III.

3° La déclaration de l'adjudant commandant Vermasen, en date du 9 août même mois, qui constate que M. Muller, chef d'escadron au 2e régiment de lanciers de Berg, lui a remis à Bobre, en Russie, un manuscrit intitulé : *Théorie en forme de règlement sur l'escrime à cheval*, et qu'il l'a remis à S. M. le roi de Naples au passage de la Bérésina le 29 novembre 1812. N° IV.

4° L'état des *effets perdus* à l'ennemi, certifié par l'adjudant commandant Vernasen, dont la signature est légalisée par le sous-inspecteur aux revues A.-C. d'Hervey, et mentionnant mon grade de MAJOR. N° V.

5° L'état des *chevaux perdus*. N° VI.

Ces deux états revêtus des mêmes signatures, de la même légalisation, et sous la date du 16 août 1814.

6° La lettre du général Bonafus, du 1er avril 1815, qui m'annonce que S. M. le roi de Naples m'a accordé l'ordre royal des Deux-Siciles pour les services que j'ai rendus à S. M. pendant la campagne de Russie.

La copie de cette lettre est certifiée conforme par le sous-inspecteur aux revues faisant fonctions d'inspecteur dans la 21e division militaire, Chev. Al. Regnaud. N° VI *bis*.

7° L'ordonnance de non lieu à suivre, en date du 31 mai 1815, rendue par la deuxième chambre du tribunal de première instance du département de la Seine, où on lit : Attendu qu'il n'est pas prouvé qu'il ait pris faussement le titre de *major* et d'*officier* de la Légion-d'Honneur, *puisque, sur des pièces qui devaient le qualifier et qu'il a dû remettre au ministère de la guerre, il a été ordonné qu'il toucherait provisoirement deux mois de demi-solde comme chef d'escadron*. N° VII.

8° La lettre de M. Noury, directeur du premier bureau de l'arriéré de la guerre, à MM. les commissaires du roi pour les créances des étrangers, en date du 23 novembre 1818. Il y reconnaît mon droit à une gratification d'entrée en campagne du *grade de major de cavalérie*, auquel j'ai été promu le 27 novembre 1812. N° VIII.

9° Le certificat délivré le 27 septembre 1819 par M. Sergian, ayant fait les fonctions de commissaire des guerres, constatant que *M. Alexandre Müller*, MAJOR *au 2e régiment de lanciers, a fourni quatre chevaux de selle harnachés pour le service de la garde dite Escadron sacré*. N° IX.

10° Enfin, par ce fait que la commission prussienne ayant refusé le paiement de mon arriéré de *major*, refus motivé sur le traité d'Aix-la-Chapelle, *cet arriéré m'a été soldé par le ministère de la guerre* en décembre 1820.

Tous ces faits, documents et pièces authentiques répondent suffisamment au texte de la section II, titre Ier, de la circulaire ministérielle du 20 septembre 1831 sur les règles à suivre dans l'application de la loi des pensions.

7. *Nommé capitaine au 16e régiment de chasseurs à cheval 18 juin* 1815.

M. le baron Marchand, alors secrétaire général de la guerre, m'a déterminé à partir pour l'armée avec ce grade, me promettant de me faire parvenir mes titres de major et d'officier de la Légion-d'Honneur.

8. *Mis en demi-solde le* 10 *septembre* 1815.

Je me suis rendu à Bourges, où j'ai revu mes travaux sur l'escrime à cheval, sous la protection et pour ainsi dire sous l'inspiration du maréchal Macdonald.

9. *Confirmé capitaine de cavalerie*, 8 *janvier* 1817.

Je n'ai jamais sollicité cette confirmation, j'ai toujours au contraire demandé la restitution de mes titres ou des duplicata.

10. *Employé à l'école de cavalerie*, 31 *octobre* 1817.

J'ai quitté cette école, parceque le général Laferrière

voulait se substituer comme auteur aux résultats probables d'une théorie que j'avais conçue dans l'intérêt de l'armée française !

11. *Remis en demi-solde*, 11 *août* 1818.

De retour à Paris, j'ai composé ma théorie de l'escrime à la baïonnette, et enseigné l'escrime à cheva l aux chasseurs de la garde royale.

12. *Employé au camp de Lunéville*, 16 *avril* 1824.

C'était un véritable piège qui sous l'apparence de mettre en relief la bonté de ma théorie, par une grande et concluante démonstration, me conduisait à la spoliation totale de mes moyens d'exécution au profit des examinateurs.

13. *A cessé de recevoir la solde d'activité*, 1er *novembre* 1824.

A la fin du camp, je fus rayé des contrôles de l'armée, et sans solde.

Tel est le prix que l'injustice me réservait : la bureaucratie était depuis longtemps au service de l'intrigue et de l'envie.

14. *Temps de réforme*, 12 *janvier* 1825 *au* 1er *août* 1830.

J'ai reçu le traitement de réforme, pour attendre sans mourir de faim, un *emploi* ou la *pension*, et, cependant le lieutenant général Mermet a écrit : « La cavalerie fran« çaise doit au capitaine Müller l'introduction de l'escrime « à cheval, je demande qu'un traitement lui soit alloué, « même dans le cas où il ne pourrait être placé !

15. *Admis à la solde d'activité*, 1er *août* 1830.

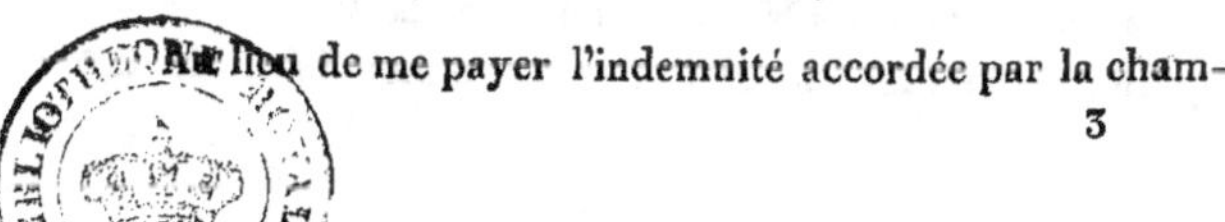

Au lieu de me payer l'indemnité accordée par la chambre des députés, séance du 4 septembre 1830, j'étais en propres termes, expulsé de Paris à Alger.

16. *Mis à la disposition du général en chef de l'armée d'Afrique*, 16 *octobre* 1830.

Dès le mois d'avril 1831, je me rendis à Alger, et m'empressai de donner une nouvelle preuve de mon attachement pour l'armée et de mon dévouement à la France.

La lettre que j'insère ici explique clairement ce que j'ai fait.

Alger, le 23 Juillet 1831.

A Monsieur le capitaine Müller, instructeur du maniement du sabre.

MON CHER CAMARADE,

Vous me priez de vous donner par écrit mon opinion sur l'instruction que vous êtes chargé de donner aux chasseurs algériens, et sur la manière dont vous vous en acquittez, c'est avec un vrai plaisir que je vous l'exprimerai parce qu'elle ne peut que vous être favorable.

L'arme usuelle du pays est le fusil; les cavaliers ne sont que des fantassins à cheval; ils ne font usage que de l'arme à feu, et la plupart n'ont même pas de yatagan. Mais les Arabes étant très adroits, sont très propres à bien manier le sabre, et ceux qui en ont déjà pris l'habitude ont très bien opéré dans la charge à l'arme blanche que nous avons faite à Rhirba près Médea. J'espère que dans peu de jours ils auront tous acquis un talent qui augmentera de beaucoup leur valeur, attendu qu'ils auront l'égalité dans l'emploi de l'arme à feu avec les gens du pays, et la supériorité dès qu'ils pourront les aborder. Je crois de mon devoir de dire que j'attribue une grande partie de leurs progrès à l'avantage de votre méthode et au zèle avec lequel vous l'avez mise en pratique.

En résumé, le maniement du sabre nous est très utile, votre méthode l'enseigne promptement, et votre zèle est digne d'éloges, je désire beaucoup que le gouvernement vous en sache gré.

Je suis avec une parfaite considération,
Mon cher camarade,
Votre dévoué serviteur,

Signé : MARAY,
Chef d'escadron des chasseurs algériens.

Vu pour légalisation de la signature de M. Maray, chef d'escadron, commandant les chasseurs algériens, et pour copie conforme à l'original qui nous a été représenté.

Alger, le 25 *juillet* 1831.

Le sous-intendant militaire, chargé de la police administrative des escadrons des chasseurs algériens.
Signé : DESFORGES.

17. *Placé au* 1er *régiment des chasseurs d'Afrique*, 12 *décembre* 1831.

Je suis entré dans le régiment avec des antécédents favorables, et une proposition d'avancement. (*Pièces* n° XII.)

J'y suis resté 55 jours pour être victime de l'injustice et de l'arbitraire en délire.

18. *Mis au traitement de réforme*, 12 *juin* 1833.

Je suis rentré dans la position créée par l'ordonnance royale du 12 janvier 1825, pour attendre la mise en activité ou la pension. Le titre m'a été arraché par la violence, mais je suis en possession de la lettre d'avis du directeur général M. Martineau, datée du 3 juillet 1834; elle contredit le titre de réforme, frauduleusement substitué le 24 mars 1835.

19e *et dernière énonciation. Conformément à l'ordonnance du du 5 février* 1823, *il a été obtenu un traitement annuel de réforme de six cents francs*, pour huit années qui ont commencé le 12 juin 1833, et ont fini le 11 juin 1841.

MINISTÈRE DE LA GUERRE. — Direction des fonds de la comptabilité générale. — Bureau des pensions, 2e section. — Avis de la liquidation d'un traitement de réforme.

Paris, le 3 juillet 1842.

Monsieur, j'ai l'honneur de vous informer que je viens de transmettre à M. l'intendant, militaire de la 1re division, le titre de liquidation de votre traitement de réforme.

Il vous invite, en conséquence, à vous adresser à M. le sous-intendant militaire, chargé du service des traitements de réforme dans le département de la Seine, qui vous fera la remise de ce titre et vous fera solder les arrérages échus et à échoir, à compter du 12 juin 1833.

Le ministre secrétaire d'état de la guerre,

Par son ordre :

Le conseiller d'état,

Directeur des fonds et de la comptabilité générale;

Signé : MARTINEAU.

A M. Müller, capitaine de cavalerie,
(Cité d'Orléans, 8.)

Je passe à la discussion des faits pris dans leur ensemble.

MINISTÈRE DE LA GUERRE. — Direction des fonds et de la comptabilité générale. — Bureau des pensions. — N° 5835.

TRAITEMENT DE RÉFORME.

Ordonnance des 5 *février* 1823 *et* 8 *février* 1829. *Extrait du contrôle central.*

Volume 6. *Somme* 600 *f.*

Au nom du ministre secrétaire d'état de la guerre.

Le conseiller général, directeur des fonds et de la comptabilité générale, certifie que M. Müller (Jean-François-Alexandre), né le 13 juin 1782, à Elberfeld (Bavière) capitaine de cavalerie admis au traitement de réforme par décision royale du 5 mai 1833, et réunissant 16 ans 6 mois 3 jours de service effectif, est inscrit au contrôle central des traitements de réforme, pour une somme annuelle de six cents francs payable par trimestre.

La durée de ce traitement est fixée à huit années, qui ont commencé le 12 juin 1833, et finiront le 11 juin 1841.

A Paris, le 24 mars 1835.

Le conseiller d'état directeur,
Signé : E. MARTINEAU.

Vu pour le paiement :
L'intendant militaire de la 1re *division,*
Signé :

Vérifié : le chef de bureau, *Signé*

Je m'étais présenté le 1er avril 1835, pour obtenir le mandat du premier trimestre, en vertu de mon titre, à peine je l'exhibai, qu'on me l'arracha des mains, et l'on me rend à sa place un titre de réforme en date du 24 mars 1835. Je demande alors une copie du premier titre, on me la refuse. Cet acte de spoliation avait pour but de me disputer plus tard la pension, en soutenant que je n'avais pas vingt années de services effectifs, et seulement trente-quatre ans de services en bloc, et neuf blessures.

Je me rends alors aux bureaux de la guerre où M. Dalmont et le sous-chef me répondent : Quand les huit années de réforme seront passées, venez ici l'on vous donnera votre titre de pension.

Maintenant on me refuse ma pension, et depuis trois ans je me trouve sans aucun traitement. Mais en présence de cet acte de spoliation, peut-on douter un instant que les bureaux ne m'ont pas privé également de mes titres de major et d'officier de la légion d'honneur, de la manière que j'ai dénoncée dans ma lettre imprimée en 1819, et adressée à M. le maréchal Gouvion Saint-Cyr, et à laquelle les bureaux n'ont répondu que par le silence.

Tirons un instant le voile sur cette partie d'un odieux tableau.

MES TRAVAUX ET MES OUVRAGES.

Je laisse, comme je le dois, parler à cet égard les juges souverains en pareille matière.

De l'escrime à cheval.

Paris, 1er juin 1818.

Monsieur, sur le compte avantageux qui m'a été rendu de votre projet de théorie d'escrime *pour les troupes à cheval*, je pense que *l'impression ne peut* qu'en être utile,

Le ministre de la guerre
Mal Prince d'Eckmuhl.

Je vous previens, Monsieur, que je viens de transmettre au ministre de la guerre, avec invitation de le faire examiner, votre ouvrage sur *l'instruction de la cavalerie.*

Je ne doute pas que son excellence n'approuve l'emploi que vous faites de vos loisirs, et je désire qu'elle vous donne bientôt des témoignages de son approbation.

Agréez, Monsieur, l'assurance de ma parfaite considération.

Le duc de Tarente,
MACDONALD.

Bourges, 30 janvier 1816.

Paris, 1er septembre 1818.

Au ministre de la guerre.

Monseigneur,

L'escrime a toujours été très négligée dans les corps de cavalerie, l'escrime à cheval n'y a *jamais* été enseignée, le dernier règlement de votre excellence sur l'instruction et le service intérieur, voulant que l'on forme des écoles à ce sujet; mais dans les corps anciens nous manquions déjà d'instructeurs : sous ce rapport, ceux-ci en manquent absolument. Je crois donc, avec plusieurs de mes camarades, que votre Excellence rendra un véritable service à la cavalerie en envoyant le capitaine Müller passer un mois ou six semaines dans chacun de nos régiments de cavalerie, à commencer par les *hussards*, temps suffisant pour y former des instructeurs et y monter une école.

J'ajoute que *je ne porte aucun intérêt particulier* à M. Müller, et que, dans la proposition que je soumets à votre excellence, je n'aperçois qu'un *avantage inappréciable pour la cavalerie*, et une nouvelle obligation qu'elle lui aura.

Je suis avec respect,
PRÉVAL.

Rossay, près Pontoise, le 6 novembre 1818.

Au ministre de la guerre.

Monseigneur,

Permettez-moi d'avoir l'honneur de recommander à vos bontés M. Alexandre Müller, major de cavalerie, qui possède, à un degré rare et distingué, le talent de l'escrime à cheval sur lequel il a écrit un traité *fort estimé.* J'ai été à portée d'apprécier l'utilité du talent de M. MULLER à Saumur où il a enseigné l'escrime à cheval, et où cet exercice se continue avec succès.

Je pense que son enseignement peut être avantageux, principalement pour la *cavalerie légère*, et que M. le MAJOR MULLER a mérité les bontés du roi par son zèle et sa constance à perfectionner un *exercice utile.*

J'ai l'honneur d'être, etc.,
CHARLES DE LAMETH.
Paris, 17 octobre 1819.

Au ministre de la guerre.

Monseigneur,

Ayant été chargé, en 1815 et 1816, par les ministres de la guerre, prédécesseurs de votre excellence, d'examiner l'ouvrage de M. Müller, sur la *Théorie de l'escrime à cheval*, j'ai eu l'honneur d'en rendre un compte assez avantageux dans les temps. J'ai rectifié avec cet officier quelques positions et quelques imperfections qui lui étaient échappées.

Je dois rendre justice à M. Müller, il a travaillé cette partie d'escrime avec discernement, il serait à souhaiter qu'elle fût mise en pratique dans les corps de cavalerie, surtout dans la cavalerie légère.

Plusieurs de mes camarades qui ont vu cet ouvrage ont jugé comme moi que, d'après le règlement de votre excellence sur l'instruction et le service intérieur, voulant qu'il fût formé des écoles à ce sujet dans les corps, on pourrait employer utilement M. Müller, en l'envoyant passer quelque temps dans chacun des corps de cavalerie pour y monter une école, y former des instructeurs et mettre sa théorie en pratique; cette partie a été fort négligée jusqu'à ce moment, et avec la théorie de M. Müller, les corps de cavalerie ne pourrait qu'y gagner, et il est certain que ce serait pour eux un *avantage inappréciable*, et *inconnu* jusqu'à ce jour, si cette méthode était employée.

J'ai l'honneur, etc.,

LE COMTE DE SAINT GERMAIN.

Paris, le 24 août 1821.

Monsieur,

J'ai reçu avec votre lettre du 3 de ce mois deux exemplaires que vous avez bien voulu m'adresser de votre ouvrage sur le maniement des armes à cheval. Je vous prie de recevoir tous nos remerciements de cette marque de votre souvenir. J'ai lieu d'espérer que cet ouvrage sera jugé comme il mérite de l'être, et qu'il vous vaudra un regard favorable du gouvernement: personne n'apprendra avec plus de plaisir que moi que justice vous ait été rendue. Je vous prie d'en être bien convaincu ainsi que des sentiments distingués avec lesquels:

J'ai l'honneur d'être,

Votre très humble et très obéissant serviteur,

Signé: COMTE DOMON,
Lieutenant général.

Dans le 17ᵉ volume, 99ᵉ livraison, du *Spectateur Militaire*, rédigé par des officiers-généraux, on lit ce qui suit: Nous ne croyons pas nous écarter de la question en faisant remarquer ici les avantages et les inconvénients du maniement du sabre démontré dans l'ordonnance du 6 décembre 1829. En l'empruntant à M. le chef d'escadron Müller, qui est peut-être l'homme qui a le mieux compris et mis en pratique toutes les ressources de cette arme, il fallait au moins charger de sa définition dans un ouvrage classique aussi important que le règlement, un militaire exercé à l'escrime académique. Ils en ont éliminé les faux principes dans les définitions de certaines parades et de certains coups de taille qu'il renferme : leur pratique fréquente dans notre cavalerie, donne aux hommes le moyen de se faire tuer dans les règles, principalement par l'infanterie et les lanciers . . . . . A cela près les mouvements sont bien définis et réduits à leur plus simple expression ; ils sont aussi précédés, avec avantage, par les moulinets qui servent essentiellement à délier le poignet.

DE BOURGES.
Colonel au 14e Chasseurs.

MINISTÈRE DE LA GUERRE.

Paris, ce 30 novembre, 1833.

Monsieur le Directeur et cher collègue,

M. le capitaine Müller, en position de réforme, auteur des différents ouvrages su l'escrime à cheval, pour l'évaluation et le payement desquels il est en instance depuis plusieurs années avec l'administration, va passer au service de Portugal, et pour en finir avec ses réclamations comme pour lui donner les moyens de se rendre à sa destination, il est à désirer qu'il lui soit alloué une indemnité ou un secours définitif. Je vous prie de vouloir bien, dans la limite de vos ressources, en faire la proposition au ministre de la guerre.

Recevez l'assurance de mon attachement,

Le lieutenant général directeur.
Signé : B. SCHNEIDER.

Pour copie conforme à l'original qui nous a été représenté.

Le sous-intendant militaire.
Signé : JOINVILLE.

Paris, le 30 novembre 1833.

A Monsieur Martineau Deschenez, directeur de la comptabilité et du budget de la guerre.

Monsieur le Capitaine,

En réponse à votre demande d'une indemnité pour vos ouvrages que vous m'avez fait l'honneur de m'adresser ce matin, je m'empresse de vous annoncer que l'intention du ministre est de soumettre votre réclamation au comité de cavalerie, lorsqu'il sera définitivement constitué, afin qu'il puisse examiner son objet et donner un avis sur ce qu'il lui paraîtra convenable et juste de statuer à votre égard.

J'ai l'honneur, etc.

Le comte B. BOURMONT.
Aide de camp, chef du cabinet.

Paris, 28 janvier 1830.

Nota. M. de Bourmont avait évalué l'indemnité à 6,0000 fr.

Neuilly, 6 mai 1827.

Monseigneur le duc de Chartres a reçu votre ouvrage sur l'escrime avec plaisir, mon cher Capitaine, je suis chargé de vous en remercier, et M. Oudard, secrétaire de S. A. R. Mme la Duchesse d'Orléans, vous fera parvenir un cadeau. Je suis heureux d'être utile à un ancien officier de notre brave armée, et je suis votre serviteur.

DE RUMIGNY.

—

Paris, 29 octobre 1816.

J'ai reçu, Monsieur, avec votre lettre du 26 de ce mois, le bel exemplaire que vous avez bien voulu m'envoyer de la *Théorie sur l'escrime à cheval.*

Je ne doute pas, Monsieur, que vous n'ayez atteint avec plein succès le but d'utilité que vous vous êtes proposé dans ce nouvel ouvrage, je le lirai avec intérêt.

Recevez, Monsieur, mes remerciements et l'assurance de mes sentiments pour vous.

Signé : LOUIS JOSEPH DE BOURBON.
Prince de Condé.

A M. le major Müller.

—

Paris, 22 février 1836.

Mon cher Capitaine,

J'ai examiné avec le plus vif intérêt votre traité sur le *Maniement de la baïonnette*, ainsi que les considérations dont il est précédé. Cet ouvrage m'a paru fort bien entendu et devoir faire le complément de ceux du même genre que vous avez fait pour la cavalerie. Je vous prie de recevoir tous mes remerciements pour la communication que vous avez bien voulu m'en faire, ainsi que mes vœux sincères, que vous soyez récompensé comme vous le méritez.

Recevez, mon cher Capitaine, l'assurance de ma considération la plus distinguée,

Le lieutenant général, pair de France, président du comité de l'artillerie.
Comte d'ANTHOUARD.

—

GARDE ROYALE. — Etat major général.

Paris, 1819.

Monsieur,

J'ai lu avec intérêt votre mémoire sur *les armes de la cavalerie* et celui sur *l'escrime à cheval* : je pense qu'on pourrait *appliquer* avec succès une grande partie de vos propositions, et que leur emploi devrait être recommandé particulièrement aux troupes légères de cavalerie.

J'ai l'honneur d'être, Monsieur,

Votre tout dévoué serviteur,
Comte DU COETLOSQUET.
Aide major général.

A M. A. Müller officier de cavalerie en demi-solde, etc.

Paris, 27 septembre 1819.

Monsieur le Capitaine,

Le lieutenant général, comte de Bourmont, commandant la 2e division d'infanterie de la garde royale, me charge d'avoir l'honneur de vous prévenir qu'approuvant en grande partie le travail que vous lui avez adressé sur le *Maniement de la Baïonnette*, il en a fait l'envoi à M. le major général, et lui a écrit son opinion d'une manière favorable. Je suis flatté, Monsieur, d'être chargé de vous annoncer quelque chose qui puisse vous être agréable, et vous prie de me croire votre très humble, etc.

L. Ch. du Cros,
Aide de camp.

Cependant, le général Laferrière, après avoir introduit des changements dans ma théorie, envoya son manuscrit revêtu de son nom au ministre de la guerre; il demandait l'impression aux frais du ministère avec clause formelle que le profit de la vente me soit accordé. Je n'acceptai point cette proposition qui m'aurait fait gagner 200,000 fr., parce qu'il me semblait que j'aurais trompé le gouvernement par une lâche avidité; aussi après mon refus motivé, il fut décidé d'examiner la théorie *Laferrière* et la *mienne*, par le comité des inspecteurs généraux de cavalerie.

Voici un extrait du rapport original signé du lieutenant-général, baron Roussel d'Hurbal.

« Nous avons sous les yeux une théorie sur l'escrime ( )
« de M. le lieutenant-général comte de Laferrière, conte-
« nant les *mêmes principes* que celle de M. Müller, à quel-
« ques exceptions près qui consistent en partie dans la
« division des leçons et particulièrement dans la position
« du cavalier à cheval.

« M. le général Laferrière ne veut pas que l'homme dé-
« range la position du corps, lorsqu'il porte les coups et
« qu'il les pare en arrière, M. Müller veut qu'il tourne le
« haut du corps du côté où il veut frapper en parant, *ce qui*
« *paraît plus naturel.* »

Ce même comité demandait au ministre la mise en pratique de ma théorie, un emploi à l'école de Saumur, une solde supplémentaire de 100 fr. par mois, et une indemnité pour les frais de la gravure et de l'impression de l'ouvrage, ayant été engagé à ces dépenses par la lettre du prince d'Eckmulh.

Sort fatal ! ce triomphe obtenu contre un lieutenant général en plein comité, m'a jeté dans un dédale inextricable.

En marge de ce rapport, si précieux et si honorable pour moi, le ministre écrivit de sa main l'apposlille suivante, adressée au bureau de la cavalerie : *Quelles sont les faveurs et les récompenses qu'on doit accorder à M. le capitaine Müller, d'après le rapport du comité des inspecteurs généraux?*

Mes ennemis n'avaient pas de temps à perdre : exempt de préventions contre moi, le ministre pouvait écouter la bienveillance dont son apostille faisait preuve. Pour parer ce coup, il fallait trouver quelque calomnie bien noire. Je ne sais ce qu'on imagina ; mais tout à coup le marquis de Latour-Maubourg me parut frappé de l'abominable idée que je voulais exercer des violences contre sa personne, peut-être même attenter à sa vie. L'entrée de l'hôtel m'est interdite, on me signale aux factionnaires comme un malfaiteur ; si je me présente, je suis en danger d'être arrêté.

C'est ce qui arriva, j'avais adressé au ministre plusieurs lettres qui ne lui étaient point parvenues, je résolus de lui remettre moi-même un placet. Un jour que son excellence devait revenir de la campagne vers midi, je me rends sous le vestibule de l'hôtel, et lorsqu'elle est descendue de voiture, je lui présente respectueusement le papier contenant mon humble supplique. A mon aspect, le ministre s'écrie et se met en défense, sa canne est levée sur la tête d'un officier, on voit accourir le suisse avec sa hallebarde, les cuisiniers avec leurs couteaux, les garçons avec leurs balais ;

tout l'hôtel est en mouvement ; à ces troupes irrégulières succède un peloton de vétérans qui marche la baïonnette en avant. J'étais immobile de surprise et de pitié, je me retire ; je reçois bientôt l'ordre de me rendre à l'Abbaye, où je subis une détention de huit jours, sous prétexte que je n'avais pas annoncé mon changement de domicile.

Ce fut dans cette prison que je reçus, apportés par un gendarme, les ouvrages imprimés et manuscrits, que j'avais communiqués au comité des inspecteurs généraux.

Je ne sortis de prison que pour aller en exil à Chantilly ; j'espérais toujours que les yeux du ministre s'ouvriraient. Après treize mois d'attente, je prends la liberté d'écrire à M. le duc d'Estissac, commandant du département de l'Oise, et à M. le comte Defrance, commandant la première division militaire ; je suppliais ces messieurs de faire parvenir mes réclamations au ministre, et me prêter l'appui de leur intercession. Ce fut M. le duc d'Estissac qui répondit à mes deux lettres, tant pour lui que pour M. le comte Defrance. Voici la réponse de sa seigneurerie.

Beauvais, le 6 février 1821.

Le maréchal de camp commandant la 5e subdivision de la 1re division militaire.

J'ai reçu ce matin, Monsieur, le paquet que vous m'avez adressé de vos réclamations à son excellence le ministre de la guerre. D'abord, je vous dirai que vous auriez du m'envoyer ce gros paquet par l'entremise de M. le maire de Chantilly ou du maréchal des logis de la gendarmerie ; car il ne peut m'être agréable de payer et tout inutilement, pour des affaires de service que tout franc de port.

Ensuite vous avez été à Paris, vous avez pu faire vos réclamations au ministre et vous expliquer sur la légitimité de votre demande; votre affaire est de longue date, vos prétentions sont exagérées, elles ont été présentées avec humeur et reçues défavorablement. Je ne voudrais pas que vous m'envoyez souvent, un fatras de demandes et de plaintes dont je ne connais pas l'origine, que vous avez déjà faites plusieurs fois directement avec les ministres de la guerre.

Cependant, je ferai parvenir toutes les pièces que vous m'envoyez, mais je doute de leur succès. Votre affaire est de nature à ce que vous obteniez une décision particulière sur votre position.

Agréez, Monsieur, l'assurance de mes sentiments de considération.

Le duc d'Estissac.

M. Müller, capitaine en non activité,
à Chantilly.

—

PREMIÈRE DIVISION.

Le maréchal de camp commandant la 5e subdivision de la 1re division militaire, à M. Müller Alexandre, capitaine de cavalerie en non activité, à Chantilly.

Monsieur,

Il paraît que non content de me transmettre une multitude de réclamations déjà rejetées plusieurs fois comme dénuées de fondement, vous avez cru devoir, dans une lettre adressée le 1er avril à M. le lieutenant général commandant la division, proférer des plaintes amères contre le gouvernement, et vous livrer sur sa prétendue ingratitude envers vous, à des réflexions pitoyables à force d'être absurdes. M. le comte Defrance, fatigué de ces doléances ridicules, me charge de vous intimer l'ordre de cesser toute correspondance directe avec lui, relativement au même objet, et de vous prévenir que si vous êtes mécontent de la manière tout à fait avantageuse dont vous avez été traité, on s'empressera de vous délivrer les passeports nécessaires pour retourner dans votre patrie où sans doute on vous rendra la justice que vous méritez.

Recevez, Monsieur, les assurances de ma considération distinguée.

Le duc d'Estissac.

Voilà donc le secret échappé! voilà dans toute sa nudité le plan de spoliation conçu contre moi par l'envie et la médiocrité vaincues!

Le projet de mes ennemis était de faire considérer ma théorie sur l'escrime à cheval comme le produit du travail collectif de plusieurs officiers généraux. C'est l'exécution de ce projet qu'on entreprend de réaliser en ma présence. Le 9 juin 1824, l'ordre du jour suivant est proclamé au camp de Lunéville.

Ordre du jour du camp de Lunéville, du 9 juin 1824.

« L'arme de la cavalerie n'ayant jamais eu de mode uni-« forme d'escrime à cheval, et S. Exc. le ministre de la « guerre voulant en adopter un pour tous les régiments, a « ordonné au lieutenant général commandant le camp de « Lunéville de l'introduire dans ceux sous ses ordres, et « qui aura pour base la méthode suivie à l'école de « Saumur.

« En conséquence, pour remplir les intentions de son « excellence, il croit devoir charger une commission de « déterminer ce qui lui paraîtra le plus utile et le plus con-« venable pour ce genre d'instruction.

« M. le capitaine Müller, qui a écrit sur cette partie, a « été mis à la disposition de M. le lieutenant général com- « mandant le camp par Son Exc. le ministre de la guerre, « pour y être employé à ce genre d'instruction.

« Il exécutera ce que la commission aura arrêté. »

Je l'avouerai, je n'apercevais pas d'abord la ruse profonde qui se cachait dans cet ordre du jour ; je n'imaginais pas qu'une commission dont je paraissais faire partie fût instituée pour s'emparer de mon ouvrage. On me prescrivit de déposer entre les mains de cette commission mon manuscrit sur l'escrime à cheval. J'obéis aveuglément.

Les évènements m'ont ouvert les yeux. On voulait produire comme le résultat des travaux de la commission la théorie qui était le fruit de mes veilles ; en conséquence, après avoir d'abord posé en fait *que l'arme de la cavalerie n'a jamais eu de mode uniforme d'escrime à cheval*, on ordonne *qu'une commission déterminera ce qui lui paraîtra le plus utile et le plus convenable pour ce genre d'instruction.* C'est donc la commission qui va faire la théorie, et cet ouvrage, qui manque à la cavalerie, sera l'œuvre collective de la commission. Mais la commission *prendra pour base de son travail la méthode suivie à l'école de Saumur*. Or, qu'est-ce que la méthode de Saumur? c'est la mienne travestie par le général Laferrière, ainsi que l'a reconnu le comité des inspecteurs généraux auxquels cette méthode a été soumise. La commission prendra donc pour base ma méthode contrefaite; mais elle doit la remanier, la refaire, c'est à dire corriger les erreurs commises par le contrefacteur, et publier mon ouvrage dans sa pureté originelle. Or, pour abréger ce travail, rien de plus simple que de copier mon ouvrage. Mais, de peur qu'on ne soupçonne la commission d'avoir publié ma théorie, c'est moi qui paraîtrai n'avoir fait qu'exécuter la théorie de la commission. *M. le capitaine Muller, qui a écrit sur cette partie, exécutera ce que la commission aura arrêté.*

Tout dans cette pièce était artifice, jusqu'à cette phrase incidente : *Le capitaine Muller, qui a écrit sur cette partie.* Car, rappeler avec cet air de négligence que j'avais écrit sur cette partie, c'était détruire l'idée que la théorie publiée par la commission soit mon ouvrage. J'eus la bonhomie de croire que la commission me considérait comme l'auteur de ma méthode, et qu'elle ne demandait mon manuscrit que pour m'indiquer peut-être quelque correction à faire. Je me trompais, elle demandait ce manuscrit contresigné du ministre de la guerre pour s'en emparer, pour m'ôter cette preuve authentique de propriété, pour se créer contre moi un titre au besoin du dépôt fait entre ses mains. Aussi, dès qu'il fut livré, je m'aperçus que j'étais de trop. Avant de le remettre, je n'entendais parler que de graces, de décorations, de faveurs de tout genre qui allaient pleuvoir sur ma tête; après l'avoir remis, les dégoûts, les tribulations, me furent prodigués au sein de la commission, et je m'abstins d'y reparaître.

Je dus encore m'estimer heureux. Plusieurs lettres me furent adressées à cette époque pour m'annoncer que l'ordre avait été donné de me faire conduire par la gendarmerie sur la frontière de Prusse. Si cet ordre n'a pas été exécuté, c'est à la loyauté du général Mermet que je la dois. Je me plais à lui rendre cet hommage.

Cependant la commission publie ma *Théorie sur l'escrime à cheval;* et mêlant adroitement la fausse monnaie avec la bonne, elle imprime dans le même livret des observations qui ne m'appartenaient pas sur la forme du mousqueton. Des milliers d'exemplaires sont vendus à l'armée; car il était prescrit à chaque brigadier, sous-officier et officier de tout grade de s'en procurer un. Cette vente se fit, dit-on, au profit de l'imprimeur. Je veux bien le croire.

On se serait contenté de s'être approprié l'honneur de mon ouvrage, on n'aurait pas voulu s'enrichir du bénéfice immense qu'il produisait, on aurait préféré gratifier l'imprimeur; soit, c'était toujours disposer du bien d'autrui, c'était toujours se montrer généreux à mes dépens.

Quoi qu'il en soit, ce n'est pas à l'imprimeur, mais bien aux membres de la commission que furent adressés les compliments du ministre. Chacun d'eux reçut une lettre officielle qui le félicitait d'être l'auteur de la *Théorie sur l'escrime à cheval.* Il m'est doux de déclarer que la plupart des officiers les repoussèrent avec surprise. Une réunion de militaires Français ne pouvait pas accepter la complicité d'une infâme spoliation; la majorité de la commission, je lui dois cet hommage, n'etait pas dans le secret de mes ennemis; elle s'était laissé conduire sans voir le but. Aussi, dans le rapport au général commandant sur les travaux de la commission, cette honorable majorité avait cru remplir un devoir en faisant ajouter la mention suivante :

« Nous croyons encore remplir un devoir, mon général, « en appelant votre intérêt particulier sur le capitaine « Müller qui privé par sa santé d'assister à nos dernières « séances, n'en a pas moins le mérite d'avoir fixé sérieuse- « ment l'attention du gouvernement sur l'importance de « l'escrime à cheval, et dans *l'ouvrage duquel se trouvaient les* « *idées mères de la théorie de Saumur et celle que nous avons* « *l'honneur de vous soumettre.* »

Je dois ajouter ici que le général vicomte Mermet avait écrit au ministre :

« *La cavalerie française doit au capitaine Müller l'intro-*

duction de l'escrime à cheval; je demande qu'un traitement lui soit alloué, même dans le cas où il ne pourrait pas être placé; et que M. de Clermont-Tonnerre entouré de tout son état-major me dit: *vous avez rendu un grand service à l'armée.* »

De l'escrime de la baïonnette.

Paris, 10 octobre 1822.

Monsieur, j'ai reçu les observations que vous m'avez fait l'honneur de m'adresser sur l'utilité d'une méthode d'*escrime pour la baïonnette.*

Je vous romercie infiniment de l'envoi de cet écrit que j'ai lu avec un véritable intérêt, et je ne puis que vous inviter à terminer la théorie d'escrime que vous vous proposez de publier pour cette arme, afin qu'elle puisse être incessamment soumise à la pratique.

J'ai l'honneur d'être, avec une considération distinguée,

Le ministre de la guerre,
DE BELLUNE.

Paris, 11 février 1823.

Monsieur, je vous ai fait connaître plusieurs fois l'intention où j'étais d'améliorer votre position aussitôt qu'une occasion favorable m'en donnerait les moyens, ce n'est point une *espérance vaine* que je vous ai donnée; car je cherche à la réaliser.

J'ai le projet d'établir une ÉCOLE dont la direction vous sera confiée. Vous recevrez en cette qualité un traitement analogue à vos fonctions et à votre rang.

Je m'estimerai heureux de pouvoir vous tirer de la position fâcheuse dans laquelle vous vous trouvez en même temp que je *récompenserai* d'une manière honorable pour vous, *vos travaux sur l'art militaire.*

J'ai l'honneur d'être avec une considération distinguée,

Le ministre de la guerre,

DE BELLUNE.

Et effectivement, par décision du 23 mars 1823, le ministre de la guerre, duc de Bellune, institua une école normale d'escrime à cheval, dont j'étais nommé directeur aux appointements de huit mille francs.

Le ministre changea, et la décision ministérielle ne reçut point d'exécution.

Reverseaux, le 0 septembre 1822.

J'ai reçu, M. le capitaine, l'avant propos que vous avez bien voulu m'envoyer, de l'ouvrage que vous vous proposez de publier sur l'Escrime de la baïonnette, vous pouvez être assuré que je le lirai avec attention et intérêt.

Je me fais un plaisir de me mettre au nombre de vos souscripteurs pour cet ouvrage, et je charge, selon votre désir, M. Boulanger de vous remettre le montant de ma souscription pour un exemplaire sur vélin.

Recevez, Monsieur le capitaine, la nouvelle assurance de ma considération parfaite,

Le maréchal GOUVION ST-CYR.

Votre Majesté le reconnait ; la propriété de mes ouvrages me devenait d'autant plus précieuse qu'elle m'offrait à la fois et la gloire et a fortune... Et cependant M. le marquis de Clermont-Tonnerre, alors ministre de la guerre, n'hésita pas à souscrire le 1827, la lettre suivante qu'il adressa à M. le comte de Peyronnet, ministre de la justice et que cette excellence envoya au procureur général près la cour royale de Paris.

« Monsieur le comte,

« Le capitaine Müller vient de faire assigner devant le « tribunal de Versailles, le sieur Degouy, imprimeur « à Saumur, pour avoir imprimé un livret traitant de « l'escrime à cheval *à l'usage de l'école militaire établie dans « cette ville. Enhardi par le succès qu'il a eu dans l'affaire qu'il « a intentée à l'imprimeur Guibal, il pousse aujourd'hui ses « prétentions jusqu'à poursuivre devant les tribunaux toutes « les écoles militaires et tous les régiments qui feraient impri- « mer ou lithographier des instructions sur l'Escrime à cheval.* »

« Dans l'espèce, la saisie du livret dont il s'agit chez le « sieur Labro, marchand revendeur de livres à Versailles, « me paraîtrait de nature, s'il y avait une vente illicite de « sa part, à le faire traduire seul, à raison de ce fait, devant « le tribunal de cette ville, et je ne vois pas comment l'im- « primeur de Saumur pourrait, d'après la marche adop- « tée par le capitaine Müller, être soustrait de ses juges na- « turels, s'il s'était effectivement rendu coupable de contre- « façon.

« *Cette affaire étant entièrement du ressort des tribunaux, « je ne puis que soumettre cette observation à votre excellenee, « et la prier de vouloir bien appeler l'attention des magistrats « qui auraient à prononcer sur les prétentions du capitaine « Müller, dont le succès aurait pour résultat de ne permettre « de faire pratiquer ou perfectionner l'escrime dans les troupes « de cavalerie, qu'avec sa permission et suivant ses méthodes « qui sont repoussées par les officiers généraux.*

« *J'ai l'honneur*, etc. »

Cette manière de faire peser l'épée du commandement dans la balance de la justice, fut suivie de celle-ci

MINISTÈRE DE LA GUERRE. — Cabinet du ministre.

Paris, le janvier 1828.

Messieurs, j'ai reçu la lettre que vous m'avez fait l'honneur de m'écrire pour me demander une audience, vous pensez qu'une conférence avec vous pourrait avoir pour résultat de me mettre à même de résoudre immédiatement les questions qui s'agitent entre le département de la guerre et le capitaine Müller.

Je regrette, Messieurs, de ne pas partager cet espoir.

Le capitaine Müller a jugé convenable de porter devant les tribunaux la question du droit de propriété qu'il s'attribue sur un Traité d'escrime : je ne peux ni ne veux sortir d'une voie dans laquelle cet officier a cru de son intérêt d'entrer : il est parfaitement libre de porter de nouvelles plaintes, s'il croit en trouver la matière dans les découvertes que vous m'annoncez qu'il fait chaque jour. Les jugements à intervenir serviront de règle au département de la guerre. Dans cet état de choses, une conférence avec vous, Messieurs, ne pourrait contribuer à donner une plus prompte issue à cette affaire, et je dois, en vous remerciant de vos offres, vous éviter un déplacement inutile.

J'ai l'honneur d'être, Messieurs, avec une considération très distinguée,

Votre très humble et très obéissant serviteur,

Signé : Vte DECAUX.

A MM. Aylies et Taillandier, avocats à la cour royale de Paris, et à la cour de cassation.

Ne voulant pas fatiguer l'attention de votre majesté par une relation qui paraîtrait suspecte de ma part, j'ai l'honneur de placer sous ses yeux un extrait du *Moniteur* du 4 septembre 1830.

CHAMBRE DES DÉPUTÉS, SÉANCE DU 4.

M. VATISMENIL, second rapporteur. Le capitaine Müller prie la chambre de renvoyer sa pétition au ministre de la guerre, pour qu'une indemnité lui soit accordée à raison de la contrefaçon, par ordre du ministre, de son ouvrage intitulé : *De la théorie de l'escrime à cheval.*

M. Müller fait résulter la contrefaçon, qu'il impute au ministre de la guerre, des trois faits suivants :

Premier fait. Le capitaine Müller a publié en 1816, à Paris, un ouvrage intitulé : *Théorie sur l'excrime à cheval*, et a rempli toutes les formalités nécessaires pour assurer sa propriété. Cet ouvrage parait avoir été favorablement accueilli par les officiers de cavalerie.

Vers 1824 ou 1825, le sieur Guibal, imprimeur à Lunéville, fit paraitre un livret intitulé : *Rectification à faire dans le maniement des armes à pied et à cheval*, suivi de *L'escrime à cheval.* M. Müller ayant retrouvé dans ce livret plusieurs passages de son ouvrage, rendit plainte en contrefaçon : son action fut repoussée par le tribunal de Lunéville. Il appela devant la cour de Nancy. Cette cour déclara en fait, *qu'il y avait contrefaçon*, mais en même temps, « considérant que « l'ouvrage avait été publié *pour l'usage des écoles de cavalerie de France*, et que les citoyens pouvaient être expro« priés pour cause d'utilité générale, elle renvoya le pré« venu (Guibal) de la plainte, et compensa les dépens, at« tendu la bonne foi du plaignant. » Le capitaine Müller déféra cet arrêt à la cour de cassation. Il fut cassé par le motif que puisqu'il avait reconnu en fait qu'il y avait contrefaçon, il n'avait pu renvoyer Guibal de la plainte, sous le prétexte d'une expropriation pour cause d'utilité publique. L'affaire fut renvoyée par la cour de cassation, devant la cour royale de Paris, qui reconnut que Guibal avait commis une contrefaçon, et le condamna à 20,000 francs de dommages et intérêts envers Müller. Celui-ci reçut les 20,000 fr. dont il s'agit; il prétend qu'ils ont été payés non par Guibal, mais par le ministère de la guerre, d'après les ordres duquel Guibal avait agi.

Il faut observer que pendant ce procès, M. Müller avait présenté une pétition à la chambre, que sur cette pétition on passa à l'ordre du jour dans la séance du 15 avril 1816; mais que cet ordre du jour parait avoir été motivé sur ce qu'il y avait instance devant les tribunaux. Le président du conseil s'exprima en ces termes dans la discussion : « que le « pétitionnaire attende que tous les degrés de juridiction « soient épuisés, et s'il a d'autres prétentions à faire valoir, « qu'il s'adresse à la Chambre. »

Second fait. M. de Durfort, commandant de l'école de St-Cyr, ayan tfait usage pour l'instruction de ses élèves, de l'ouvrage de M. Müller, celui-ci l'attaqua devant les tribunaux. Sur cette action intervint un arrêt de la cour royale de Paris, ainsi conçu.

(M. le rapporteur donne lecture de l'arrêt) cet arrêt termine le litige.

Troisième fait. Le 6 décembre 1829, il fut rendu une ordonnance royale intitulée : *Ordonnance sur l'exercice et les évolutions de la cavalerie.*

M. Müller soutient qu'une partie considérable de cette ordonnance n'est que la reproduction, avec quelques changements de rédaction insignifiants, du livret publié en 1824 par Guibal, et qui avait donné lieu à la condamnation de 20,000 fr. de dommages et intérêts, dont j'ai parlé ci-dessus. Pour le prouver, il a fait imprimer en regard le texte de l'ordonnance et le texte de Guibal. Ces deux textes semblent en effet offrir une assez grande analogie. Toutefois, comme il y a quelques différences, votre commission ne peut et ne doit rien préjuger sur la question de savoir si l'ordonnance renferme, comme le livret de Guibal, une véritable contrefaçon.

En 1829, cette ordonnance a été imprimée, puis mise en vente chez Anselin, libraire.

M. Müller assigna Anselin devant le tribunal de commerce, pour le faire condamner à des dommages et intérêts.

Le 25 mai dernier, ce tribunal se déclara incompétent pour connaître d'une action qui appartient naturellement à la juridiction correctionnelle.

En conséquence M. Müller porta son action devant le tribunal correctionnel de la Seine. Le 15 juillet dernier, ce tribunal rendit le jugement suivant :

(M. le rapporteur donne lecture du jugement.)

On voit que les juges n'ont pas repoussé l'allégation de la contrefaçon, qu'ils ne se sont pas expliqués sur ce point, que seulement ils ont pensé qu'en faisant imprimer et en vendant une ordonnance du roi, Anselin avait été de bonne foi.

La question de savoir si l'ordonnance contient une contrefaçon de M. Müller, reste donc indécise.

Dans ces circonstances et d'après ces trois faits, votre commission a pensé que, dans la rigueur du droit, il n'était pas, quant à présent, établi qu'il fût dû par le ministère de la guerre une indemnité à M. Müller ;

Qu'en effet, en supposant que Guibal eût été l'agent de

ce ministère, le préjudice qu'avait pu causer son livret avait été réparé par les 20,000 francs de dommages et intérêts alloués et payés;

Qu'à l'égard de M. Durfort, la cour royale de Paris avait reconnu qu'il n'y avait pas de préjudice causé à M. Müller;

Qu'enfin, quant à l'ordonnance du 6 décembre 1829, il n'était pas juridiquement décidé qu'elle contînt une contrefaçon.

« Mais sous le rapport de la bonne foi et de l'équité, « votre commission a pensé que la réclamation de M. Müller « méritait une sérieuse attention. Il est impossible de se « dissimuler que le ministère de la guerre et les écoles pla- « cées dans ses attributions ont tiré parti du travail du sieur « Müller; l'ensemble des faits l'établit d'une manière claire. « Après l'arrêt Guibal, on a continué à se servir de ce tra- « vail; le sieur Müller est dans cette situation fâcheuse, que « s'il portait plainte en contrefaçon contre le directeur de « l'imprimerie royale, à raison de la publication de l'or- « donnance du 6 décembre 1829, il y serait certainement « déclaré non recevable, et que quand il porte plainte « contre d'autres imprimeurs ou libraires qui n'ont fait que « copier cette ordonnance, on écarte son action, à raison « de leur bonne foi.

« Votre commission vous propose en conséquence de « renvoyer la pétition au ministre de la guerre, qui, dans « l'esprit de justice dont il est animé, pourra prendre les « mesures convenables pour satisfaire aux griefs du sieur « Müller. (La chambre ordonne ce renvoi.) »

Ainsi les plus hautes notabilités de l'armée, les ministres, les maréchaux et les généraux avaient compris l'importance de mes travaux.

Mon ouvrage avait reçu l'accueil le plus favorable : le

ministre en me renvoyant le manuscrit m'avait annoncé qu'il souscrivait pour 200 exemplaires; ce qu'il y avait de plus distingué dans l'armée suivit son exemple; en tête des souscripteurs s'étaient inscrits : le roi Louis XVIII, son frère le comte d'Artois, toute la famille royale, les princes, le prince de Condé, Mgr. le duc d'Orléans, aujourd'hui Votre Majesté, les félicitations et les éloges m'étaient arrivés de toutes parts; un comité d'inspecteurs généraux avait été chargé de présenter un mémoire sur la manière d'introduire ma méthode dans l'armée : le comte Roussel-d'Hurbal, lieutenant général de ce comité, m'avait comblé de prévenances et promis sa puissante protection.

A cette époque et déjà s'était formée une coterie mécontente des succès d'un officier inférieur en grade, et curieuse d'être forcée de reconnaître le mérite de l'innovation dont je dotais la France..... Oui, et j'ai lu de mes propres yeux dans les conclusions d'un certain rapport : Il faut donc se défaire de cet officier en le privant de moyens d'existence, en lui fermant la carrière, en lui ôtant toutes les chances de prospérité; il est jeune, vif, bouillant, plein d'ardeur; il finira par s'en aller, ou il motivera son éloignement par quelques écarts.

Ce plan odieux, ignoble, dans un pays comme la France, on le suivra avec persévérance.

Il y eut certainement des interruptions et comme des interstices, des solutions de continuité selon la grandeur d'ame, l'élévation des sentiments généreux de ceux qui furent placés au ministère de la guerre, aussi me souviendrai-je toujours avec reconnaissance de la conduite tenue à mon égard par le noble maréchal Gouvion St-Cyr.

Que sa mémoire soit à jamais révérée! Il fut le père du

soldat, le restaurateur de l'armée, l'ennemi déclaré de l'arbitraire et de l'injustice.

Ce fut lui qui m'envoya à l'école de Saumur, où faisant succéder à l'*immobilité* de l'équitation civile, la *mobilité* du combattant, j'ai formé des élèves qui ont propagé ma méthode.

Le 9 avril 1824, le roi Charles X, devant qui j'avais eu l'honneur de démontrer ma théorie, avait écrit de sa main au ministre de la guerre.

« Pl cez le capitaine Müller à l'école de cavalerie de « Versailles ; assurez-lui une existence heureuse pour la fin « de ses jours, et donnez-lui la récompense qu'il a méritée « par ses travaux militaires. »

Pour un soldat, ces paroles d'un roi , du roi de France, étaient le gage d'un avenir assuré, elles étaient des titres inaltérables de noblesse, de fortune !

Qu'importaient les révolutions ? Le chef de la France, au nom de la France avaient parlé, et ces paroles obligent......

Permettez-moi, sire, de dérouler sous les yeux de votre majesté le déplorable épisode de mon séjour en Algérie.

AFFAIRE D'ALGER.

La représentation nationale, confiant dans la justice du maréchal Soult, croyait avoir fixé mon avenir, une indemnité m'était assurée et toute les prévisions allaient se réaliser d'une manière digne du pays : quand j'appris que pour toute indemnité on m'envoyait en Afrique !......

La commission des généraux m'avait désigné pour la gendarmerie.

Arrivé à Alger, je fus chargé de l'instruction des Arabes,

après deux années, je fus proposé par le général en chef pour le grade de chef d'escadron... P. N° XII.

On formait alors les chasseurs d'Afrique, je fus incorporé dans le 1er régiment, où je ne restai que cinquante-cinq jours, du 1er avril au 25 mai, n'ayant pas eu pendant tout ce temps l'occasion d'un engagement avec l'ennemi.

Le colonel de ce régiment avait été employé au ministère de la guerre, et les premières paroles que ce chef de corps m'avaient adressées, avaient été celles-ci en me montrant le poing : Je vais vous faire ployer comme un gant !.....

Ma pensée se reporta tristement sur cette funeste prédiction que l'on voulait enfin se défaire de moi, et que l'on n'était en quête que pour chercher le moyen de m'abreuver de dégoûts.

Attaqué par la maladie du pays, je fus le 6 avril 1832, désigné pour les eaux de Bourbonne, par les médecins en chefs de l'armée. (P. N° XIV.) Quatorze de mes collègues furent désignées pour la même destination, furent embarqués pour la France, moi seul on me força à rester.... En proie à la maladie, la force m'abandonnant, on profita de mon état physique pour m'envelopper dans une accusation horriblement perfide.

Le 25 mai, à 6 heures du matin, porté malade au rapport, je devais garder la chambre. (N° XV et XVI.)

A trois heures, le colonel fait sonner à cheval : il part avec le régiment, avec l'ordre de tailler en pièces une compagnie du 67e de ligne, commandée par le brave colonel Duchampoy, soupçonné par le duc de Rovigo de vouloir passer à l'ennemi. Le colonel s'occupait de la recherche d'une ancienne route romaine, et le 26 il me dénonçe au général pour n'avoir pas voulu monter à cheval avec le régiment, et le 27, il publie l'ordre du jour suivant : — M. Müller quittera le commandement du 2e escadron, qu'il remettra à M. le capitaine instructeur en chef Campenet, qui commandera l'escadron jusqu'à nouvel ordre.

Le colonel SCHAUENBOURG.

Le même jour, je fus expulsé de la caserne et placé en ville sous la surveillance du commissaire de police Auxerroi, sur le compte duquel je reviendrai en parlant de Constantinople.

Ordre du jour du 7 juin 1832.

D'après les ordres de M. le maréchal de camp inspecteur, un conseil d'enquête s'assemblera demain, 8 du courant, à 8 heures du matin, chez lui ; le conseil se composera du colonel, de tous les officiers supérieurs, de M. Septenville, le plus ancien des capitaines présents. Ces Messieurs seront en grande tenue, et ils auront la giberne.

Le colonel SCHAUENBOURG.

On ne me communique pas cet ordre du jour, mais le 8 au matin, le conseil étant assemblé, l'aide de camp du général Faudoas vint me chercher pour comparaître.

J'obéis.

Le général Faudoas, président du conseil, m'apprend que je suis accusé : d'avoir refusé de monter à cheval avec le régiment :

Je déclare que c'est faux, et j'interpelle M. de Beaufort l'un des membres du conseil, qui s'empresse de déclarer que le 25 mai, six heures du matin, j'avais été porté malade sur le rapport. (Pièce n° XV.)

Le colonel mon accusateur a siégé dans ce conseil, et malgré sa présence je fus proposé pour le commandement d'une compagnie de vétérans, ou la réforme.

Sur quoi je me retirai.

Dès lors je résolus d'en écrire au général en chef, et je réalisai ma résolution en ces termes :

« Il est des circonstances où l'homme gardant le silence, avoue son délit, sa faute ou son crime, il en est d'autres aussi où l'homme, par le silence du mépris, s'est amplement justifié. J'ai cru d'abord me trouver dans ce dernier cas, mais les démarches ultérieures faites par des chefs, que je ne veux encore supposer qu'induits en erreur, m'obligent impérieusement à changer de système, en conséquence je parle.

« Accusé d'avoir refusé de marcher contre l'ennemi, cas prévu par les lois qui régissent l'armée, sans aucune exception de grade ou de personne, je demande à être sur le champ traduit devant un des conseils de guerre de l'armée, sous vos ordres, et là seulement justice peut être faite.

« Veuillez donc suspendre, mon général, toutes les démarches faites et à faire à mon égard, et ne permettez pas que le gouvernement soit consulté dans une question qui appartient exclusivement aux tribunaux.

« Le général, duc de Rovigo, fera droit à ma demande de toute justice.

« Dans l'attente de votre prompte résolution, je suis, etc. »

Voici la réponse de M. le duc de Rovigo.

Alger, le 20 juin 1832.

Monsieur le capitaine,

Les faits qui ont motivé l'enquête faite au 1er régiment de chasseurs d'Afrique sur votre conduite, ne sont pas de nature à exiger une instruction devant un conseil de guerre ;

en conséquence, M. le général en chef ne peut donner suite à la demande contenue dans les lettres que vous lui avez adressées le 8 mai et le 19 juin.

J'ai l'honneur de vous saluer.

Le maréchal de camp, chef de l'état major général :
TRÉZEL.

Ce refus me parut à la fois une injustice et une absurdité, et mon raisonnement se pose ainsi : Ou je suis coupable ou je suis innocent. Si je suis coupable, c'est d'un crime qui entraîne la perte de l'honneur ; si je suis innocent, comment hésiterait-on à punir l'infâme qui a tenté de me ravir plus que la vie?

La calomnie a-t-elle cessé d'être à Alger un vol de la plus précieuse des propriétés, l'honneur ; un poison qui détruit l'honneur dans la vie civile, et un poignard qui égorge l'innocence?

J'eus l'honneur de m'adresser à M. le maréchal ministre de la guerre, j'ai écrit douze lettres à M. le directeur général Préval.

Que demandais-je pourtant? Que justice fût faite.

Pour rompre plus sûrement cette chaîne d'intrigues qui m'enveloppait de toutes parts et obscurcissait les points où je voulais porter la lumière, j'ai demandé le traitement de réforme, non pour l'obtenir, mais afin d'avoir la faculté de venir à Paris déposer dans l'âme de M. le maréchal, mes justes plaintes.

Dès le 1re avril, j'ai eu le soin de l'informer de cette particularité, et de le prier de considérer cette demande comme non avenue.

Cependant le 12 juin, j'ai appris à Paris, avec le plus

douloureux étonnement et malgré la contrelettre que j'avais eu l'honneur d'adresser, que, par ordonnance du 5 mai, j'avais été admis à la réforme.

Voilà donc, écrivais-je au duc de Dalmatie, voilà donc la récompense de vingt ans de grade de capitaine, de trois années de service en Afrique, d'immenses travaux faits dans l'intérêt de la nation française, tous couronnés d'un tel succès que ma méthode, copiée mot à mot, est adoptée, recommandée, sanctionnée par des ordonnances ! L'auteur de l'escrime à cheval et du traité du maniement de la baïonnette, celui qui par une persévérance incroyable et une puissance corporelle d'exécution presque Herculéenne, a inoculé dans vos régiments la faculté de braver avec un sabre la lance ainsi que l'arme blanche de tous les soldats du monde ; Alexandre Müller aura trente sous par jour pour alimenter sa femme, sa fille et lui-même.

« O noble et généreuse nation française, ce n'est pas ainsi « que tu entends qu'on explique tes pensées !

« Oh ! ce n'est pas vous, monsieur le maréchal, qui avez « pu prendre une semblable détermination, et détruire d'un « trait de plume l'avenir de l'un de vos officiers les plus dé- « voués, et l'un des plus utiles à la cavalerie par l'émula- « tion qu'il peut inspirer à ses compagnons, par son habi- « leté dans le maniement des armes ; frapper ainsi un « officier qui croit avoir rendu des services, ne serait-ce « pas refroidir le zèle des autres, élever un précédent fu- « neste et détruire cette émulation si utile à l'armée, dont « vous êtes l'illustre soutien et le régénérateur.

« Il n'y a pas assez longtemps, monsieur le maréchal, « que l'escrime à cheval a été introduite dans la cavalerie « française, et il y en a encore moins qu'elle l'a été dans les « escadrons d'Afrique, où elle est si nécessaire contre les

« indigènes ; aussi je crois de mon devoir de demander que « mes services y soient utilisés, et qu'enseignant la théorie, « l'on me mette encore à même de prouver que je ne me « soustrais pas à sa pratique.

« Je résume, monsieur le maréchal, à vous demander :

« 1° D'ordonner que je sois jugé par un conseil de « guerre sur l'imputation qui m'a été faite par le baron « Schauenbourg, actuellement colonel du 1er régiment de « chasseurs d'Afrique, d'avoir refusé de monter à cheval « le 25 mai 1832 ;

« 2° De m'autoriser à poursuivre, par toutes voies de « droit, le dit colonel Schauenbourg, pour réparation du « préjudice qu'il a cherché à me porter, dès que le dit « conseil de guerre aura reconnu mon innocence ;

« 3° Et du moment que j'aurai été déclaré non coupa- « ble, d'admettre que j'expose et déduise devant vous les « faits graves et faciles à constater qui s'élèvent contre le « dit baron de Schauenbourg, outre ceux qui me sont per- « sonnels.

« Mais avant tout, veuillez, monsieur le maréchal, récla- « mer de la justice de sa majesté, l'annulation de l'ordon- « nance qui m'admet à la réforme, vu la présence de mon « accusateur au conseil d'enquête.

« Je place mon honneur sous votre sauvegarde : ce qui « m'est arrivé doit alarmer tous les officiers français. Par « souvenir, par affection et par devoir, vous en êtes le « protecteur et le père ; songez à eux en vous occupant de « moi.

« J'ai l'honneur d'être avec respect, monsieur le maré- « chal, votre très humble, très obéissant et très soumis « serviteur. »

MULLER, *capitaine.*

C'est cette lettre où l'honneur outragé, appelant à son secours l'appui tutélaire de M. le maréchal duc de Dalmatie, c'est le récit fidèle des faits qui ont été qualifiés par des officiers, *infâmes pamphlets, indignes de toute réfutation et qui n'ont eu d'échos que dans leur indignation et leur mépris.*

C'est pour complaire sans doute à celui qui se trouvait alors leur colonel, que ces mêmes officiers ont fait consigner dans le *Moniteur Algérien.*

1° Que M. Müller s'est trouvé subitement malade *toutes les fois que le régiment a du monter à cheval du côté des avant-postes;*

2° *Qu'une fois,* pris à l'improviste, et *obligé de monter à cheval pour une reconnaissance, il a manifesté aux sous-officiers de son escadron l'intention d'ôter ses épaulettes, en disant que les Bédouins tiraient de préférence sur les officiers;*

3° *Et que M. Müller pendant son séjour à Alger n'a fait que se livrer à un vil brocantage,* (*n° XVIII*), et pour établir cette dernière calomnie, les signataires s'appuyent sur la fragile escabelle d'une décision de juge de paix qui annulle un marché de soixante francs pour la *livraison d'une longue vue.*

Les deux premières assertions qui seules méritent une réfutation sérieuse sont démenties d'abord par un fait décisif, c'est que les dix-huit signataires dont les noms sont rappelés en italique, n'étaient pas arrivés en Algérie pendant mon service au régiment, service qui n'a duré que cinquante-cinq jours, du 1er avril au 25 mai 1832.

En second lieu, par l'ordre du jour qui constate qu'il ne pouvait y avoir occasion de marcher contre l'ennemi, puisque les officiers n'étaient pas montés, (n° XVIII), et la troupe n'était pas habillée.

En troisième lieu, parce qu'il n'y a pas eu en ce temps d'ennemis à combattre.

En quatrième lieu, par le général Montfort, inspecteur-général du génie (n° XVIIII), qui atteste le zèle que j'ai déployé en lui servant d'escorte; par la proposition soumise au général, marquis de Brossard, pour que je fusse promu au grade de chef d'escadron (n° XI), par la considération que m'a témoignée postérieurement le directeur du personnel et des opérations militaires du ministère. La recommandation du lieutenant-général Schneider, celle plus explicite encore de M. le lieutenant-général baron Berthezène, (n° XII), dans la nuit du 6 au 7 avril 1832, au moment de partir pour l'affaire de la tribu Elofia, je me suis trouvé à la tête de mon escadron, le colonel m'a ordonné de me retirer, et sur mon refus, il m'a fait escorter à ma chambre par la garde.

Eh quoi! les sommités militaires sous lesquleles j'ai eu l'honneur de servir, ont tracé autour de mon front une auréole de gloire! De nombreuses blessures sillonnent mon corps, j'ai fait les rudes campagnes d'Autriche et de Russie, le maréchal Victor m'a décoré à Locom de l'étoile des braves, le plus grand capitaine de l'univers, Napoléon m'a fait officier de la Légion-d'Honneur, et je serais impunément accusé de *couardise* (n° XXV). Il y a là et manque de vérité et défaut de vraisemblance. Cependant, sire, devais-je me renfermant dans la douce pensée que l'estime de ses chefs et la conscience d'une vie sans tache suffisent à l'homme d'honneur, ne pas poursuivre la calomnie?

Sur ma plainte en calomnie, le ministre Bernard fit traduire le colonel devant le conseil de guerre. Je me suis rendu à Alger pour plaider ma cause, et le 28 janvier 1836 le colonel fut acquitté : « Attendu qu'il n'était pas respon-

« sable envers moi des notes et rapports qu'il avait adressés « au ministre. » Le colonel fut interrogé ; il déclina toute culpabilité, fondée sur ce que l'insertion sur le *Moniteur algérien* avait été autorisée par le lieutenant général Vairol et l'intendant Gentil de Bussi. Il explique que le *Moniteur algérien* était le journal du gouvernement, et qu'il était tout à fait étranger à la publication qui avait eu lieu. (Pièce n° XXI.)

La note collective a été signée par dix-huit officiers qui n'étaient pas encore arrivés à Alger à la journée du 25 mai 1832 : leurs signatures portent le caractère du faux. Aussi mon procès avec le colonol terminé, et avant de quitter Alger, j'ai fait assigner ces officiers devant le tribunal de la Seine, mon domicile; mais les bureaux, sous le contre-seing du ministre Bernard, paralysèrent mon action par la pièce n° XXII. Ainsi donc, Sire, et malgré l'autorité de la loi, le cours de la justice a été suspendu quant à moi.

Le colonel accusateur qui m'a arraché le commandement de mon escadron sans l'autorisation de Votre Majesté, et qui, en violation flagrante de l'équité, des lois, ordonnances et règlements, avait siégé au conseil d'enquête, n'a pas même été réprimandé.

Je n'ai cessé de demander l'annulation des propositions du conseil d'enquête et le renvoi à mon régiment, sur quoi les bureaux ont chargé le général Pajol de me dire qu'il ne serait plus désormais répondu à mes demandes. (Pièce n° XXIII.)

Cette réponse est datée du 24 janvier 1834, et dans le discours fait par le ministre à la chambre des députés le lendemain 25, dans l'affaire des sous-officiers d'artillerie de Strasbourg, S. Exc. reconnaît que si la justice, l'honneur et la logique ont perdu leur empire, la société tombe dans l'abrutissement. (Pièce n° XXIV.)

Ainsi donc, des officiers qui ont commis des faux, un délit contre l'ordre et la discipline, suivant la saine doctrine de M. le duc de Dalmatie (n° XXIV), ces officiers n'ont été ni recherchés ni punis à la requête du ministre de la guerre, et n'ont pas pu être atteints par la légitimité de ma réclamation.

Et qui a fait tout ce mal?

Ce n'est pas l'illustre maréchal Soult, ce sont pas les ministres qui l'ont précédé, ce sont les bureaux qui les trompent et continueront de les tromper jusqu'à ce que l'un d'eux prenne sur lui d'en faire un remaniement.

C'est ainsi qu'en 1793 et 1794 l'immortel Carnot, en créant la section de la guerre au comité de salut public, se mit en position, par des hommes nouveaux, de délivrer la France envahie et attaquée de toutes parts.

Résultat des tentatives pour me perdre.

Qu'est-il résulté de tant d'efforts réunis, de la rivalité, de l'envie, de la calomnie et de l'arbitraire contre moi?

La justice a flétri, par sa décision devenue irrévocable, l'imputation odieuse de m'être paré de titres qui ne m'auraient point appartenu et que j'ai payés de mon sang.

Les plus hautes notabilités militaires ont reconnu que j'avais opéré dans la tactique française une heureuse révolution, en travaillant sans relâche au développement de l'intelligence des masses.

On a voulu me dépouiller de la propriété de mes ouvrages : la justice a puni la contrefaçon.

Une ordonnance du 6 décembre 1820 a tenté de briser l'obstacle invincible que lui opposaient des arrêts souverains, et l'on a vu la signature de Charles X à la suite d'un acte qui consacrait un mal! La chambre des députés s'en est ému, et, dans sa séance du 4 septembre 1830, elle a chargé le ministre de la guerre de me donner une indemnité pour la spoliation dont j'avais été victime.

J'ai donc eu pour moi les tribunaux, les législateurs et les hommes de guerre les plus haut placés dans la région de la gloire militaire.

Qu'a-t-on répondu? au lieu de m'attribuer un dédommagement, on m'a fait chasser de Paris en m'ordonnant de me rendre à Alger, apparemment pour que je fusse soldé par la peste africaine ou le cimeterre des Arabes.

Et là, qu'a-t-on fait? On m'a persécuté, on m'a calomnié, on m'a refusé toute justice.

Forcé de rentrer en lice, c'est aux pieds de votre trône, Sire, que je dépose mes plaintes et mes réclamations.

CONCLUSIONS.

Je demande,

Une expédition en due forme du grade de lieutenant-colonel de cavalerie conféré par l'empereur Napoléon le 27 novembre 1812.

La liquidation des appointements qui restent dus en cette qualité.

La confirmation du brevet d'officier de la Légion-d'Honneur.

Le rappel de 100 francs par chaque mois depuis le mois de mai 1820 jusqu'au jour de la solde additionnelle accordée par le comité de cavalerie en 1820.

Une indemnité en raison de l'expropriation de la théorie de l'escrime à cheval au profit de l'état, d'après les bases posées par le rapporteur de la commission et acceptées par la chambre des députés, séance du 4 septembre 1830.

L'annulation des résolutions du conseil d'enquête, du 8 juin 1832, *en droit*, pour violation des ordonnances et de l'équité, et, *en fait*, parce qu'elles sont dénuées de toute vérité et de toute vraisemblance.

La publication officielle, tant dans le *Moniteur universel* que dans le *Moniteur algérien*, d'un ordre du jour à l'armée annonçant ma réintégration complète dans mes droits, et mon renvoi au 1er régiment de chasseurs d'Afrique.

Je ne demande en cela que l'application rigoureuse des lois, je veux dire de l'article 69 de la charte de 1814, de l'article 60 de celle de 1830, de l'article 31 de la loi du 11 avril 1831.

Le succès ne saurait me manquer, car, ainsi que l'a si bien confirmé M. le procureur général Hébert :

« C'est par les lois que les droits de l'état et ceux des citoyens doivent être protégés dans un pays libre. »

Et d'ailleurs Votre Majesté n'a-t-elle pas dit elle-même, par une sorte de préscience de ma supplique :

« On ne peut éluder les lois sans causer douleur à mon « cœur royal et préjudice à mon trône. »

J'ai l'honneur d'être, avec le plus profond respect,

De Votre Majesté,

Sire,

Le très humble, très soumis, dévoué et très fidèle serviteur,

MULLER,

Premier auteur militaire et professeur dans le maniement des armes de guerre, ancien instructeur de l'école royale de Saumur, directeur au camp de Lunéville, etc.

PIÈCES JUSTIFICATIVES.

N. I.

A Monsieur Masson, ancien secrétaire général du ministre des finances du grand duché de Berg, aujourd'hui maître des requêtes au conseil d'Etat, etc., etc.

Monsieur,

J'ai l'honneur de rappeler à vos souvenirs, que je me suis présenté en 1812 à Dusseldorff, devant feu S. E. le comte de Beugnot, ministre des finances du grand duché de Berg, où vous remplissiez les fonctions de secrétaire-général.

J'avais quitté le service du roi de Bavière comme lieutenant d'un corps d'élite, par suite d'un procès avec S. A. R. l'électrice de Bavière, Marie-Léopoldine, et suivant les décrets impériaux.

Je m'étais rendu à Hambourg, porteur de lettres de recommandation des seigneurs de la cour du roi de Bavière, et ordonnées par S. M., afin d'entrer dans les troupes de la nouvelle formation, lorsque M. le prince d'Echmulh me dirigea avec une feuille de route sur Dusseldorff, et une lettre de recommandation de son chef d'état-major, M. de Campans, lieutenant-général.

En passant à Cassel, S. E., M. le baron Reinhardt, me donna également une lettre pour M. le comte Beugnot ; de même que M. de Narbonne, ambassadeur à Munich.

Ayant été reçu favorablement, et connaissant le caractère anti-français de M. le comte de Nesselrode, ministre de l'intérieur, qui ne voulait pas me placer, M. le comte Beugnot eut la bonté de me dire :

« Il ne veut pas vous placer puisqu'il regarde comme un crime votre procès contre son ancienne électrice. Demandez à partir *comme simple volontaire*, et tâchez de vous présenter au grand quartier général, où je vais écrire pour vous : vous êtes jeune, vous avez du courage, l'Empereur vous donnera un grade convenable à vos talents et à votre caractère.

« Le général Espart avait eu des difficultés avec ses chefs, il quitta son grade et prit le titre de volontaire. A l'affaire d'Ulm, l'Empereur le nomma général de brigade. »

Je me rappelle, Monsieur, que vous étiez présent à cette conversation.

Dans ma position d'alors, les conseils de son excellence devaient être pour moi un ordre formel ; et appuyé sur la loyauté et la grandeur d'âme de M. Beugnot, homme de bien et représentant de S. M. l'Empereur, je suis parti pour l'armée de Russie avec un brevet de volontaire, où je fus nommé major, etc.

Désirant *pouvoir justifier ce fait* dont vous avez été témoin, me reposant sur les sentiments nobles et généreux de votre caractère, je viens vous prier, Monsieur, de *vouloir bien le certifier* et m'écrire une lettre conforme à celle ci jointe, de M. le pair de France comte Berthézène.

Je me repose sur vos bontés, et j'ai l'honneur d'être, avec un très profond respect,

Monsieur et noble protecteur,

Votre très humble et très obéissant serviteur,

MULLER.
Capitaine, auteur militaire.
Faubourg Saint-Antoine, 280 ter.

Paris, 29 avril 1843.

N. II:

Paris, 6 mai 1843

Monsieur le capitaine Müller,

J'inscris ma réponse immédiatement à la suite de votre lettre du 29 avril, pour n'avoir pas à recommencer le récit de ces circonstances que vous rapportez, elles me tiendront lieu de préambule.

En recueillant mes souvenirs sur une époque déjà éloignée, je me rappelle, en effet, Monsieur, que vers l'année 1812, vous vous êtes présenté muni de recommandations honorables, devant M. le comte Beugnot, alors commissaire impérial, dirigeant l'administration du grand duché de Berg, et résidant à Dusseldorf, rive droite du Rhin, M. Beugnot a accueilli favorablement le désir que vous lui avez manifesté de prendre du service dans un régiment de Berg. Mais arrêté par le refus que faisait M. le comte de Nesselrode de vous y admettre avec rang d'officier, M. Beugnot vous a conseillé, je me le rappelle très bien, d'entrer dans l'armée française comme simple volontaire. Il a même accompagné ce conseil d'expressions obligeantes sur les moyens de succès dont vous lui paraissiez doué. Voilà, Monsieur, ce que ma mémoire a conservé des relations que vous avez eues, en ma présence, avec M. le comte Beugnot, à Dusseldorf. Je désire que ce témoignage puisse vous être de quelque utilité.

Votre tout dévoué serviteur,
V. MASSON.
Maître des requêtes au conseil-d'état.

P. S. Je vous rends la lettre de M. le baron de Berthézène, qui était jointe à la vôtre.

N. III.

Grand Quartier général.

M. MULLER
(ALEXANDRE),
Major des lanciers du Berg.

Gratification d'entrée en campagne.

EXTRAIT *de revue établi par nous maréchal de camp pour servir au payement de la gratification d'entrée en campagne, due à M. Muller, major du régiment des lanciers de Berg;*

SAVOIR :

NOMS.	GRADE.	SOMMES à PAYER.	OBSERVATIONS.
MULLER (ALEXANDRE).	Major, officier de la Légion d'honneur.	800 fr.	M. Muller a déclaré avoir fait la première campagne comme lieutenant au régiment des chasseurs à cheval de en 1809, en Autriche, et avoir fait la campagne de Russie, pendant laquelle, le 27 novembre 1812, il fut nommé major dans le même corps (devenu lanciers de Berg), et officier de la Légion d'honneur.

Fait et arrêté le présent Etat, à la somme de huit cents francs, pour être ordonnancé par M. l'Intendant général, en faveur de M. Muller (Alexandre), major des lanciers de Berg.

Paris, le 1er août 1814.

Signé Comte D'HAUGERANVILLE.

N. IV

MINISTÈRE DE LA GUERRE. — Direction générale de la liquidation des armées, 3e division, 3e bureau. — Renvoi d'état de perte de chevaux, d'effets, concernant M. Muller, pour être régularisé conformément aux modèles adressés avec la présente.

Paris, le 6 août 1814.

Monsieur le baron,

J'ai reçu avec la lettre que vous m'avez fait l'honneur de m'écrire le 2 de ce mois, copie d'un état en triple expédition, concernant la perte de quatre chevaux que M. Müller, major des lanciers de Berg, a éprouvée pendant la campagne de 1812.

Il est nécessaire que les originaux de cet état me soient adressés.

Je joins à la présente l'état en triple expédition des pertes d'effets éprouvées par ce major.

Je vous prie, monsieur le baron, de les faire revêtir des formalités prescrites par les règlements et indiqués dans l'instruction et modèles que je vous adresse avec la présente.

Dès que ces pièces me seront parvenues de nouveau en règle, je m'empresserai d'autoriser la liquidation de cette créance.

Recevez, monsieur le baron, l'assurance de ma haute considération :

Le lieutenant-général, conseiller d'état, directeur-général,
Signé : comte DUMAS.

A M. le baron Marchand, maître des requêtes, intendant général, commissaire général près les troupes alliées.

A Paris, rue du Mail, hôtel des Milords.

Je soussigné adjudant commandant, déclare que M. Müller chef d'escadrons au 2 régiment de lanciers de Berg m'a remis à Bober en Russie, un manuscrit intitulé *Théorie en forme de règlement sur l'escrime à cheval,* contenant quarante planches dessinées, lequel manuscrit j'ai remis, sur sa demande, à sa majesté le roi de Naples, au passage de la Bérésina, le 29 novembre 1812.

Signé : VERMASEN.

Paris, le 6 août 1814.

N.° V.

GRANDE ARMÉE.

9e CORPS.

4e DIVISION.

Lanciers de Berg.

ÉTAT-MAJOR.

ÉTAT *des effets perdus à l'ennemi par l'officier ci-après désigné, pour servir au rembourse-ment desdits effets, conformément à l'arrêté du* 11 *brumaire an* V. SAVOIR :

NOMS.	GRADE.	DÉSIGNATION de CHAQUE EFFET.	QUANTITÉ de chaque espèce d'effets perdus.	PRIX alloué pour chaque effet.	ÉPOQUE de la perte.	DÉTAILS circonstanciés DE LA PERTE.	OBSERVATIONS.
MULLER (Alexandre).	Major.	Habits	2		12 déc. 1812.	J'ai été fait prisonnier à le Gré de Wilna et déshabillé tout nu.	Je n'ai reçu aucune des indemnités accordées par S. M. le roi pour ces différents objets.
		Gilets	2				
		Culottes	2				
		Pantalon	1				
		Gilet de drap . .	1				
		Gilet de toile . .	1				
		Paires de bottes .	2				
		Chapeau	1				
		Paires de bas . .	6				
		Bonnet de police .	1				
		Mouchoirs . . .	8				
		Manteau	1				
		Porte-manteau . .	1				
		Sabre	1				
		Éperons en argent.	1 paire.				
		Pistolets	2 id.				
		Cols	12				
		Chemises	8				
		Epaulettes . . .	1 paire.				
		Souliers	1 id.				
		Selle	1				
		Bride avec filet. .	1				
				800 fr.			

Certifié par moi, adjudant commandant alors présent à Bobre, et comme ayant une parfaite connaissance des pertes énoncées ci-dessus.

Signé : VERMASEN.

Certifié le présent état véritable.
A Paris, le 16 août 1814.
Signé : Alexandre MULLER.
Officier de la Légion-d'Honneur.

Vu pour légalisation des signatures ci-dessus.
L'inspecteur aux revues.
Signé : A. C. d'HERISEY.

Vu par ordre de M. le conseiller d'État directeur des opérations militaires et de la gendarmerie.
Le chef du bureau de la justice militaire.
Signé : C. HOUEL.

N° 421. Vu par moi, expert-écrivain assermenté.
Signé : SAINTOMER.

Par ordre du ministre de la guerre, le secrétaire général certifie véritable la signature Sergiant, apposée ci-dessus en qualité d'ancien adjoint faisant les fonctions de commissaire de guerre.

Paris, le octobre 1819.
Signé : CASSING

Pour copie conforme à la pièce qui m'a été représentée le 7 octobre 1819.
Le sous-intendant militaire adjoint.
Signé :

N. VI.

GRANDE ARMÉE.

9e CORPS.

4e DIVISION.

Lanciers de Berg.

ÉTAT-MAJOR.

ÉTAT *des chevaux perdus à l'ennemi par l'officier ci-après désigné, pour servir au payement de l'indemnité fixée par l'arrêté du* 11 *brumaire an* V;

SAVOIR :

NOM.	GRADE.	NOMBRE de chevaux tués ou pris.	ÉPOQUE de la perte.	LIEU de la bataille ou de l'affaire.	DÉTAILS circonstanciés de la perte.	SOMME allouée par cheval.	SOMME due.	OBSERVATIONS.
MULLER (Alexandre).	Major.	4	27 nov 1812.	Bober (Russie).	Ces quatre chevaux ont été pris pour former la garde dite sacrée, et d'après les ordres de l'empereur.	450 fr.	1800 fr.	Je n'ai reçu aucune indemnité pour la perte de ces chevaux.

Certifié par moi adjudant commandant alors présent à Bober, comme ayant une parfaite connaissance de la perte énoncée au présent état.

Paris, le 16 août 1814.

Signé : VERMASEN.

Certifie le présent état véritable.

A Paris, le 16 août 2814.

Signé ; Alexandre MULLER,

Officier de la Légion-d'Honneur.

Vu pour légalisation des signatures ci-dessus.

Le sous-inspecteur aux revues.

Signé : A. C. d'HERVEY.

N° 350. Vu par moi, expert-écrivain assermenté.

Signé : SAINTOMER.

Vu par ordre de M. le conseiller d'état, chargé de la 2e division.

Le chef du bureau de la justice militaire,

Signé : C. HOUEL.

Par ordre du ministre de la guerre, le secrétaire général certifie véritable les signatures VERMASEN, adjoint commandant, S. A. C. D'HERVEY, sous-inspecteur aux revues, apposées d'autre part en ces dites qualités.

A Paris, le 31 juillet 1820.

Signé : PERCEVAL.

N. VI.

Copie.

Monsieur le Major,

Sa majesté le roi de Naples me charge de vous annoncer qu'il a daigné vous accorder l'ordre royal des Deux-Siciles, par une décision en date de ce jour, pour les services que vous avez rendus à sa majesté, pendant la campagne de Russie ; sa majesté a donné l'ordre pour que votre brevet vous soit expédié dans le plus court délai.

J'ai l'honneur de vous saluer avec une considération distinguée,

Signé : le général BONNAFOU.

Pour copie conforme :

Le secrétaire inspecteur aux revues faisant les fonctions d'inspecteur dans la 21e division militaire,

Signé : CH. REGNARD.

Naples, le 1er avril 1815.

A monsieur Müller, Alexandre, gros major du 2e régiment de lanciers du grand duché de Berg, natif de Elberfeld.

N. VII.

3 mai 1815. — 2 R. — Ordonnance de non lieu à suivre contre le Sr Muller. — Enregistr., 1 fr. 80 c.; timbre, 1 fr. 25 c.; Délivr., 80 c.; total, 3 fr. 85 c.

Extrait des minutes du greffe du tribunal de première instance du département de la Seine, séant au Palais de Justice, à Paris.

D'une procédure inscrite au greffe du dit tribunal, sous le numéro douze mille deux cent trente-neuf, et au parquet sous le numéro treize mille deux cent cinquante, instruite par M. Chardel, juge d'instruction.

Contre le sieur Alexandre Müller, major du deuxième régiment des anciens lanciers de Berg, né à Elberfeld (Berg), demeurant à Paris rue neuve Saint-Martin, n° 19, inculpé d'avoir pris, à l'aide de fausses pièces, la qualité de chef d'escadron, et de s'être fait payer deux mois de demi-solde de ce grade.

Il appert avoir été extrait l'ordonnance de non lieu à suivre dont la teneur suit :

Nous juge composant la 2e chambre du tribunal de première instance du département de la Seine, réunie en la chambre du conseil, conformément à l'article 127 du Code d'instruction criminelle.

Vu les pièces du procès et l'instruction faite contre Alexandre Müller, ensemble les conclusions du substitut de M. le procureur impérial du 29 avril dernier, tendantes à ce que le sus nommé soit mis en liberté et à la disposition du ministère de la guerre.

Ouï le rapport de M. Chardel, l'un des juges d'instruction près ce tribunal.

Duquel il résulte, qu'attendu qu'il ne résulte charges suffisantes pour établir contre Müller la prévention du crime de faux dont il a été inculpé par la lettre du secrétaire d'Etat, ministre de la guerre, en date du 4 février dernier.

Attendu qu'il n'est pas suffisamment prouvé qu'il ait pris faussement ses qualités de major ou de chef d'escadrons et d'officier de la Légion-d'Honneur, puisque sur des pièces qui devaient les qualifier, et qu'il a du remettre au ministre de la guerre, il a été ordonné qu'il toucherait provisoirement deux mois de demi-solde comme chef d'escadron.

Disons que le dit Alexandre Müller sera sur le champ mis en liberté s'il n'est détenu pour autre cause.

Ordonnons que toutes les pièces déposées au procès, et appartenant M. Müller lui seront rendues.

Fait à la chambre du conseil ou étaient MM. Chardel, Pelletier, d'Houppeville, de Neuvillette et Loiret.

Sur la minute est la mention suivante :

Visé pour timbre et enregistré à Paris, ce 20 août 1842, reçu un franc dix centimes.

Signé : Boilot.

Pour expédition conforme délivrée par nous greffier soussigné, le 20 août 1842.

Signé : Noel.

N. VIII.

Ministère de la guerre. — Direction : 1er bureau de l'arriéré ; 5e section ; Etrangers.

(Copie.)

Paris, le 23 novembre 1818.

Messieurs,

M. Müller, major du ci-devant régiment de lanciers de Berg, a réclamé près de son excellence le ministre secrétaire d'état de la guerre : 1° le remboursement des effets qu'il a perdus lorsqu'il fut fait prisonnier de guerre à Wilna, en 1812 ; 2° celui de quatre chevaux livrés pour la formation de la garde d'honneur dite *escadron sacré* pendant la retraite de Russie ; 3° enfin la gratification d'entrée en campagne du grade de major de cavalerie, auquel il a été promu le 27 novembre 1812.

Les pièces produites par M. Muller seraient suffisantes pour constater son droit, à ces différentes créances, si le paiement devait en être effectué par le trésor français; mais comme les lanciers de Berg étaient payés de leur solde sur les fonds du grand duché pendant le temps qui fait l'objet de la réclamation, son excellence me charge de vous transmettre les deux lettres qui lui avaient été adressées par cet officier, ainsi que les titres qui y étaient joints, au nombre de huit, pour que vous puissiez les faire remettre à M. le commissaire liquidateur de sa majesté le roi de Prusse, auquel il appartient de prononcer, s'il y a lieu, sur cette réclamation.

Je vous prie, Messieurs, d'agréer l'assurance de la haute considération avec laquelle j'ai l'honneur d'être.

Votre, etc.,

Signé : Noubry.

Pour copie conforme.

Les commissaires français.

Signé : Malartic.

Pour copie conforme.

Le secrétaire de la commission de liquidation prussienne.

Signé : Mathis.

Certifié véritable la signature apposée ci-contre de M. Mathis à ladite époque, l'un des secrétaires de la commission de liquidation prussienne établi dans cette capitale.

Le chargé d'affaires de Prusse :

Signé : Bernstorf.

A MM. les commissaires du roi pour les créances des étrangers.

Paris, le 6 août 1842

N. IX.

Copie.

Nous soussignés Charles Auguste Sergian, ancien adjoint, faisant les fonctions de commissaire des guerres de la 30e division d'infanterie, commandée par M. le général comte d'Hendeser, certifions qu'il est à ma connaissance, qu'à l'affaire de Bober, en Russie, M. Alexandre Müller, major au 2e régiment de lanciers de Berg, a fourni quatre chevaux de selle harnachés pour le service de la garde dite *escadron sacré*, sur la réquisition qui lui en a été faite par la gendarmerie d'élite.

Le présent certificat délivré sur la demande de M. Müller et pour lui servir et valoir ce que de raison.

Signé : Sergian.

A Paris, le 27 septembre 1819.

N. X.

MINISTÈRE DE LA GUERRE. — Administration; — 6e division. — Bureau de la justice militaire, 1re section. — Les prétentions au grade de lieutenant colonel et d'officier de la Légion d'honneur sont dénuées de fondement.

Paris, le 17 mai 1843.

Monsieur, la réclamation que vous m'avez adressée, le 5 avril dernier, à l'effet d'obtenir les titres et brevets de lieutenant colonel de cavalerie, et d'officier de la Légion d'Honneur, est dénuée de tout fondement. Vous avez été reconnu dans le grade de capitaine, le 8 janvier 1817, vous n'étiez pourvu que d'un emploi de ce grade au 1er régiment de chasseurs d'Afrique, lorsque vous avez été mis en réforme, le 5 mai 1833. C'est donc le seul titre que vous puissiez prendre. Quant au grade d'officier de la Légion-d'Honneur, vous ne pouvez, en aucune manière, vous en prévaloir, car vous n'êtes pas même chevalier de cet ordre.

Vous n'ignorez pas que l'ordonnance de non lieu rendue en votre faveur, le 3 mai 18[illegible]5, par le tribunal de 1re instance de la Seine, n'a pu consacrer vos prétentions à des grades qui ne vous appartenaient pas ; elle n'a eu d'autre effet que de vous renvoyer d'une prévention dont vous vous exposeriez à devenir de nouveau l'objet, si vous portiez publiquement les insignes de lieutenant colonel et d'officier de la Légion-d'Honneur.

Le président du conseil,
Ministre secrétaire d'état de la guerre.
Le maréchal duc de DALMATIE.

N. XI.

A Monsieur le marquis de Brossard, maréchal de camp, commandant de brigade de la cavalerie, etc., etc.

Mon général,

J'ai l'honneur de vous exposer en faveur de M. le capitaine Müller, ce que je crois devoir motiver, la demande d'avancement qu'il désirait que vous présentassiez au général en chef. M. le capitaine Müller est très ancien dans son grade; il a cherché à se rendre utile par ses travaux ; il a éprouvé des malheurs. Arrivé ici avec la promesse d'avancement faites à Paris, il fut confirmé dans cet espoir par le colonel Aupique, qui lui dit que cela dépendait de ce qu'il ferait ici, qu'il s'employerait à faire valoir ses travaux dans nos escadrons, s'il y avait lieu. Le capitaine Müller a enseigné son *Escrime à cheval* à tous les officiers, sous-officiers et soldats ; il y a mis le soin et le zèle convenable, ses résultats sont satisfaisants, et je ne puis que lui donner des éloges pour la manière dont il a rempli sa mission auprès de nous. Si vous jugez convenable que je renouvelle la demande que j'avais d'abord faite en sa faveur, pour le grade de chef d'escadron, je m'empresserai de remplir vos intentions.

J'ai l'honneur d'être, avec un très profond respect, mon général.
Votre très humble, etc.

Signé : MAREY.
Chef d'escadron commandant les chasseurs algériens

—

N. XII.

Paris, le 14 février 1843.

Capitaine, j'ai reçu votre lettre du 4 courant, à laquelle était jointe votre *Théorie de la baïonnette*; je vous remercie de votre beau souvenir et de cette preuve d'attention de votre part.

Il est certain que *vous avez été employé en Algérie à l'instruction des Zouaves*, pendant que j'y commandais, il est également certain que j'adressai, pour vous, au ministre de la guerre, un mémoire de proposition pour de l'avancement ; ce mémoire, sous la date du 24 décembre 1831, est accompagné de la lettre dont suit copie : « M. le maréchal, le capitaine Müller envoyé ici, pour montrer à la cavalerie l'exercice du sabre et de la lance, assure que vous lui avez promis le grade de chef d'escadron, comme dédommagement des pertes et des malheurs qu'il a éprouvés. M. le chef d'escadron Marey rend un témoignage satisfaisant des résultats qu'il a obtenus, et c'est à ce titre que j'ai l'honneur de vous adresser le mémoire de proposition ci-joint. » Je désire, capitaine, que ce certificat puisse vous être utile.

J'ai l'honneur de vous saluer,

Signée : le général Baron BERTHÉZENNE.

P. S. Je vous renvoye la lettre de MM. de Feuchères et Marey, qui peuvent vous être utile et qui, dans tous les cas, sont honorables.

—

N. XIII.

A Monsieur le maréchal ministre de la guerre.

Pendant dix mois de service aux chasseurs algériens, je n'avais subi aucune punition : depuis mon entrée au 1er régiment des chasseurs d'Afrique, je suis accablé de menaces, d'insultes et d'arrêts ; le colonel Schauenbourg essaie chaque jour de réaliser la menace qu'il m'a faite le jour de mon arrivée, en me montrant le poing, de me faire ployer comme un gant. Ces motifs sont plus que suffisants pour me déterminer à demander mon changement de corps, et la faveur d'entrer dans un corps stationné en France. De grâce, M. le maréchal, mettez un terme aux persécutions dont je suis chaque jour victime ; disposez de moi en tout et partout ; c'est par un dévouement sans bornes que je veux me venger de la menace que le colonel vient de me faire, de provoquer ma destitution.

J'ai l'honneur d'être, etc.

—

N. XIV.

N° 2. — Art. 103 du Réglement sur les hôpitaux. — 000 Division militaire. — Place d'Alger. — N° 51 du registre.

HOPITAL MILITAIRE DE CARATINE.

Certificat de contre-visite.

Nous soussignés officiers de santé en chef de l'hôpital de Caratine, certifions que le sieur Müller Alexandre, Jean-François, natif d'Elberfeld, canton dudit département, du duché de Berg, âgé de quarante-neuf ans, capitaine aux chasseurs d'Afrique, 1er régiment, est atteint des dartres squameuses aux deux mains, affection qui a résisté à tout traitemeut, en conséquence, estimons que les accidents ci-dessus relatés ont pour résultat, le besoin de l'usage des eaux thermales de Bourbonne.

A Alger, le 6 avril 1832.

Signé : Bareau et Molinard.

Pour extrait conforme au registre.

A Alger, le 3 juin 1836.

L'officier comptable, Signé : Devalaine.

Vu par nous sous-lieutenant militaire, *Signé :* C. Darnaud.

Pour copie conforme à l'original.

Paris, le 27 août 1842.

Le sous-intendant militaire,
Signé :

—

N. XV.

« Monsieur, ainsi que vous me le demandez par votre lettre de ce jour, je dois, à la vérité, certifier que le 25 mai 1822, à 6 heures du matin, remplissant par intérim, les fonctions de lieutenant colonel, vous me déclarâtes souffrir d'un rhumatisme aigu à l'épaule gauche, qu'en conséquence, porté malade au rapport, vous fûtes règlementairement dispensé de monter plus tard à cheval avec le régiment, qui en reçut l'ordre vers 3 heures de l'après-midi.

Signé : comte de BEAUFORT.

—

N. XVI.

Je soussigné, ex-chirurgien major du 1er régiment de chasseurs d'Afrique, actuellement attaché au 20e léger, certifie, sur la demande de Müller, capitaine commandant au 1er chasseurs d'Afrique, et pour rendre hommage à la vérité, que vers la fin du mois de mai 1832, je fus appelé par ordre du chef du corps, à visiter ledit M. Müller, conjointement avec MM. Vitton et Frey, chirurgiens-aides-majors, afin de constater une maladie rhumatismale qu'il avait déclarée la veille, et qu'après un examen scrupuleux du membre malade, nous ne pûmes, à la vérité, reconnaître des signes d'inflammation externe, mais que cependant nous ne pûmes révoquer en doute l'existence de la douleur qu'il accusait à l'épaule gauche, l'expérience ayant appris qu'elle pouvait exister sans symptômes extérieurs autres que la gêne dans les mouvements. Au surplus, depuis le 6 avril, il avait été désigné pour les eaux de Bourbonnes, par les médecins en chef de l'armée d'Afrique.

Fait à Paris, le 26 juin 1833.

Signé : PIGRENON. *Docteur-médecin.*

—

N. XVII.

Le corps d'officiers du premier régiment des chasseurs d'Afrique, à Monsieur le colonel baron de Schauenbourg, commandant le régiment.

Nous nous empressons de vous manifester que la lettre que M. Müller, ex-capitaine au régiment, a adressée contre vous à M. le maréchal ministre de la guerre, n'a fait qu'*exciter notre profond mépris.*

Nous avons jugé cet *infâme* pamphlet *indigne de toute réfutation* ; cependant comme M. Müller s'est soumis au tribunal de notre opinion, nous avons cru devoir la prononcer dans une note que nous avons l'honneur de vous adresser, pour en faire l'usage que vous jugerez convenable.

De notre côté, nous faisons insérer cette note dans le *Moniteur Algérien* et dans le *Temps*.

Nous saisissons cette occasion pour vous donner l'assurance que les incriminations de M. Müller n'ont eu d'*écho parmi nous que dans notre indignation* et *notre mépris.*

Nous sommes avec respect, colonel, vos très humbles et très obéissants serviteurs, suivent les signatures.

MM. de Châlet, lieutenant colonel : Marey, *Korte et d'Authier, chef d'escadron ; Plocq, Carenet ;* Rey, *Ménant, Mésange,* Faron, *Gervais, Lauzenson,* Soliman, Salamé, capitaine ; L'huillier, Deplas, lieutenants-adjudants-majors ; Gastu de Ligny, de Cheffontaines, Germain, *Menessier,* Bernard, Baudry, *Planchot et Hernant, lieutenants ;* Helmann, Berger, Perard, Combeau, *Dragon de Gommicourt,* Sali-Capitan, de Prailles, de Villefumade, Dourin, *Asseuat* et Sarselle, sous-lieutenants ; *Auchez, chirurgien major ; Thinus* et Frey, aides-majors.

Alger, le 18 juillet 1833.

Pour copie conforme.

Le sous-intendant militaire chargé de la police administrative du corps.
CH. DESFORGES.

Note de MM. les officiers du premier régiment des chasseurs d'Afrique, au sujet d'une lettre imprimée que M. Müller, ex-capitaine au régiment, a adressée à M. le maréchal ministre de la guerre.

Une lettre que M. le capitaine Müller a adressée à M. le maréchal ministre de la guerre et qu'il a fait imprimer, est parvenue à la connaissance des officiers du 1er régiment de chasseurs d'Afrique. Cet écrit qui, à juste titre, doit être qualifié d'infâme pamphlet, a été accueilli avec le mépris que son auteur mérite. Le mépris serait aussi notre seule réponse, si notre silence n'induisait point en erreur les lecteurs de M. Müller, en leur laissant croire que celui-ci jouissait au régiment de notre estime et de notre considération.

Or, il devient nécessaire, sinon de répéter l'écrit, du moins d'énoncer notre intime opinion sur le compte de l'auteur, et la voici :

M. Müller s'est trouvé subitement malade *toutes les fois que le régiment a du monter a cheval pour marcher du côté des avant-postes, et une fois, que pris a l'improviste, il a été obligé de monter à cheval pour une reconnaissance, a manifesté aux* [illegible] *fficiers de son escadron l'intention d'*[illegible] *ses* [illegible], [illegible] que les Be[illegible] de préférence sur les officiers. Nous considérons cette conduite comme une lâcheté.

M. Müller [illegible] brocantage, [illegible] d'ailleurs a fait [illegible] M. Müller [illegible]

Et à cette occasion [illegible]

[illegible] d'Alger.

[illegible]

[illegible]

el-Oued n° 101, demandeur contre le sieur Müller, capitaine aux chasseurs d'Afrique, demeurant rue Jenina n° 12, defendeur.

« Le tribunal entendu les parties dans leurs dires et conclusions.

« Attendu que le sieur Müller a été possesseur d'une longue vue en bois couleur d'acajou, à laquelle il a prétendu avoir fait faire des réparations pour une somme de six francs.

« Que cette longue vue était celle que Petit-Jean a entendu acheter, et non celle livrée, brisée dans un endroit, et à laquelle on ne remarque aucune réparation.

« Par ces motifs,

« Annule le marché fait entre les parties ;

« Ordonne que le sieur Müller sera tenu de reprendre sa longue vue, et de restituer au sieur Petit-Jean les soixante francs par lui payés, et condamne en outre aux dépens.

« Mandons et ordonnons à tous huissiers sur ce requis, de mettre le présent à exécution ; à nos procureurs du roi d'y tenir la main ; aux commandants et aux officier de la force publique d'y prêter main forte lorsqu'ils en seront légalement requis.

« En foi de quoi nous avons délivré le présent qui fut fait et prononcé en l'audience publique où siégeaient M. Roland de Bussy, président ; MM. Guertin et Marion juges.

« La minute est signée par M. le président et le greffier.

« Et plus bas écrit :

« Enregistré à Alger, le 6 décembre 1832, f° 170, liv. 2, n° 3034, 2e série, reçu 2 fr. signé Garson. Certifié conforme, le greffier signé Roland de Bussy fils.

Notre opinion hautemant manifestée est la seule réfutation dont l'écrit de M. Müller nous paraisse digne.

Alger, le 18 juillet 1833.

De Chale, lieutenant colonel. Je n'ai eu aucun sujet de me plaindre de M. Müller pendant qu'il était dans les chasseurs algériens, mais pour le temps qui a suivi, j'adhère au contenu de la présente lettre, Marey. *Korté, et d'Anthier chefs d'escadons ; Plocq, Cazenel*, Rey, *Menant, Mésange*, Faron, *Gervais, Lauzenson*, Soliman, Salamé, capitaines ; Lhuillier, deplas, lieutenants adjudans majors ; Gastu de Ligny, de Cheffontaines, Germin, *Menessier*, Bernard, Boudry, *Planhol et Herment*, lieutenants ; Helmann, Berger, Perar, Combeau, *Dragon de Gommicourt*, Sals, Capitan, de Prailles, de Villefumade, Doulin, *Assenat* et Sarselle, sous lieutenants ; *Auchez*, *chirurgiens-major* ; *Thinus* et Frey, aides-majors.

—

N. XVIII.

Ier REGIMENT DES CHASSEURS D'AFRIQUE.

Ordre du jour du 3 avril 1832.

MM. Les officiers qui ne sont pas encore montés devront s'occuper sans relache à se procurer des chevaux, et ils devront avoir au moins un cheval pour le 1er mai prochain.

Le colonel du régiment,
Signé : SCHAUENBOUR.

Pour copie conforme :

Le capitaine rapporteur,
Signé :

—

N. XIX.

Sur la demande de M. Müller, je certifie et déclare qu'au mois de mai 1832, lors de mon inspection des côtes du nord d'Afrique, il m'a servi d'escorte avec son escadron du 1er régiment de chasseurs d'Afrique, d'Alger à Stouli et Sidi-Feruche, et que pendant ce trajet, cet officier a déployé un zèle digne d'éloges par ses talents et ses connaissances d'officier de cavalerie.

En foi de quoi j'ai signé le présent avec un véritable plaisir.

Signé : le général MONTFORT,
Inspecteur général du génie.

Paris, le 9 février 1836.

—

N. XX.

MINISTÈRE DE LA GUERRE. — Direction du personnel et des opérations militaires. — Cabinet de la sous-direction.

Paris, le 21 septembre 1838.

Par votre lettre du 19 de ce mois, vous me rappelez M. le capitaine, la demande que vous avez adressée au ministre pour vous rendre à Alger, et vous me priez de vous faire obtenir une réponse.

Je regrette de ne pouvoir seconder vos désirs à cet égard, mais le bureau de la cavalerie n'est plus dans mes attributions, et je ne puis que vous engager à vous adres ser à M. le général Schneider, directeur du personnel et des opérations militaires, sous les ordres duquel ce bureau se trouve maintenant placé.

Recevevez, M. le capitaine, l'assurance de ma parfaite considération,

Le général Miot.

A M. Müller, capitaine de cavalerie en réforme,
Cité d'Orléans n° 8, boulevart Saint-Denis.

N. XXI.

Extrait du procès verbal d'interrogation du colonel Schauenbourg.

« *D.* Vous êtes accusé d'avoir souffert la publication et l'insertion dans le *Moniteur* « *Algérien*, d'une note infamante contre l'ex capitaine Müller.

« *R.* Les officiers ont exprimé leur juste indignation sur un infâme pamphlet « publié par l'ex capitaine Müller. Quant à *l'insertion dans le Moniteur Algérien*, « elle a été autorisée par M. le lieutenant général Voirol, et par M. l'intendant Gentil « de Bussi.

« Le *Moniteur Algérien* est le *journal du gouvernement*, et il ne s'y insère pas « une ligne sans l'autorisation de l'autorité supérieure, d'ailleurs copie de la réponse « du corps d'officiers au pamphlet Müller a été envoyée à M. le maréchal ministre « de la guerre, par M. le général baron Voirol, commandant alors en Algérie, je dois « ajouter que j'étais tout à fait étranger à cette publication.

« Au commencement de juillet 1833, il me fut envoyé par le colonel Marnier atta- « ché au ministère de la guerre, une lettre adressée à M. maréchal duc de Dalmatie, « écrite par M. Müller, lettre imprimée, répandue et dont des exemplaires me furent « envoyés de différents côtés. Cette lettre est écrite avec tant de jactance, elle contient « de si dégoûtantes injures et des mensonges si impudiques, que je dus céder au « désir vivement manifesté par les officiers du régiment, de les autoriser à faire une « réponse qui fermât une fois pour toutes la bouche du capitaine Müller, je restai « étranger à cette rédaction, si la déclaration du corps d'officiers n'a pas davantage « flétri M. Muller, il ne le doit qu'à mon intervention.

N. XXII.

MINISTÈRE DE LA GUERRE. — Direction du personnel et des opérations militaires.— Bureau du recrutement et de la justice militaire, 2e subdivision, 1re section. — On fait connaître que les officiers assignés à la requête du sieur Müller ne peuvent quitter leur corps.

Paris, 21 janvier 1837.

Monsieur, à la requête de M. le capitaine Müller, capitaine de cavalerie en réforme il a été donné assignation à 17 officiers du 1er régiment de chasseurs d'Afrique, pour comparaître le 29 de ce mois devant la 7e chambre du tribunal de première instance du département de la Seine, comme prévenu d'être signataire d'un article concernant le requérant et que celui-ci regarde comme injurieux pour lui, lequel article aurait été publié dans le *Moniteur Algérien*.

Je crois devoir vous informer que les besoins du service s'opposent d'une manière absolue à ce que les sous-officiers assignées puissent actuellement quitter leur poste, et qu'il leur est impossible de se présenter en justice à l'époque indiquée.

J'espère, Monsieur, que les motifs qui retiennent en Afrique ces officiers seront pris en considération ; au surplus, je fais connaître à M. le général commandant les troupes à Alger, la nécessité où se trouvent les militaires dont il s'agit de se faire représenter par un avoué à Paris.

Recevez, Monsieur, l'assurance de ma parfaite considération.

Le pair de France ministre secrétaire d'Etat de la guerre.
Signé : BERNARD.

A M. le procureur du roi près le tribunal de première instance de la Seine.

N. XXIII.

Extrait de la lettre de Son Excellence le ministre de la guerre, duc de Dalmatie, adressée à M. le comte Pajol, lieutenant général, le 24 janvier 1834.

Général,

« Vous aurez à lui faire connaître de nouveau que son admission au traitement de réforme qu'il a d'ailleurs demandée lui-même, a été prononcée par suite de l'avis du conseil d'enquête dans lequel il a été entendu.

« Que quarante officiers de son régiment ont adhéré aux conclusions de ce conseil, et ont exprimé l'opinion qu'il ne pouvait être maintenu dans les rangs de l'armée, et que d'après les règlements, les officiers âgés de plus de 50 ans, ne sont plus susceptibles de reprendre du service.

« Vous l'informerez enfin que la présente notification est la dernière, et que je me verrai dans l'obligation de laisser sans réponse les demandes qu'il croirait devoir m'adresser pour le même objet. »

Signé : DUC DE DALMATIE.

N. XXIV.

Extrait du Moniteur universel. — *Séance de la Chambre des Députés, 25 janvier 1834, Affaire des sous-officiers d'artillerie de Strasbourg. (Deuxième suplément p.* 163.)

M. le ministre de la guerre. La loi de 91 le dit ; voici les termes :

« Seront considérées et punies comme mouvements combinés contre l'ordre et la discipline en général, toutes réunions soit de militaires de différents grades, soit d'officiers, de sous-officiers ou soldats, pour délibérer entre eux, dans d'autres circonstances que celles permises ou prescrites par la loi. »

A plus forte raison, toute délibération formée, et toute émission de vœux collectifs.

La pénalité établie par cette loi est celle-ci :

« Tout officier convaincu de s'être mis dans l'un des cas prévus par la loi, doit être traduit devant un conseil de guerre. »

« Et la moindre peine, dit la loi, qui puisse lui être infligée, c'est d'être cassée de son grade et déclaré indigne de servir la patrie. ». . . . .

Il y a eu des lettres collectives, des mesures ont été employées. . . . .

M. le général Demarçay. Il faut faire exécuter les lois. Vous les avez violées de la manière la plus manifeste, et de plus vous avez écrit une lettre que jamais en aucun temps, militaire n'oserait écrire à un autre : on peut condamner un militaire qui a commis un crime, on peut le faire fusiller, mais on ne doit jamais écrire une lettre dans de semblables termes.

M. le ministre de la guerre. Je déclare la lettre fausse.

M. de Briqueville. Pourquoi ne l'avoir pas dit plus tôt !

M. le général Demarçay. Messieurs, quoique la rétractation soit un peu tardive, j'en félicite de tout mon cœur M. le ministre de la guerre.

M. le ministre de la marine. Ce n'est pas une rétractation, c'est une dénégation.

M. le général Demarçay. Une dénégation soit. Il est étonnant que l'argumentation de M. Larabit, ayant constamment porté sur l'existence de cette lettre, on vienne seulement la démentir maintenant ; mais j'admets le démenti . . . . . .
. . . .

www.ingramcontent.com/pod-product-compliance
Lightning Source LLC
LaVergne TN
LVHW020040170826
845678LV00001B/349

9782329694764